高楠順次郎

世界に挑んだ仏教学者

碧海寿広

吉川弘文館

目次

第二章　世界の日本人

第三章　学術としての仏教

ヒマラヤのブッダ――プロローグ

アジアの大地に屹立(きつりつ)するヒマラヤ山脈。標高八八四八メートルのエベレストを頂点として、八〇〇〇、七〇〇〇メートル級の山々が悠々と連なる。四〇〇〇メートルに届かない富士山や、ヨーロッパ・アルプスの最高峰モンブランの五〇〇〇メートル未満などと比べ、圧倒的な高みを誇る。地球という惑星の表面に築かれた、堂々たる自然の創作物だ。

このヒマラヤと日本人の関係が接近し始めたのは、歴史的にはわりと最近の話である。十九世紀の後半以降に多くの日本人が世界各地へと赴くようになった後、ヒマラヤの絶景を眺めたり、登山を試みたりする人々が徐々に増えていった。今では気軽な旅行で訪れることも可能である。だが、明治維新(一八六七)を画期として日本という国が世界に大きく開かれていくまで、ヒマラヤを目の当たりにした日本人は、ほぼ皆無であった。

日本から海を渡りこの山脈へ近づいた最初期の人々は、仏教の僧侶や学者たちであった。日本では入手できない数々の仏典を所蔵する、チベットやネパールといった国々を調査するには、ヒマラヤの近辺を歩んだり、山を越えたりする必要があったからである。彼らはヒマラヤに興味があったというよりも、まだ見ぬ仏典を通して仏教の真理を学ぶという目的のために、たまたまヒマラヤを体験することとなった。

その皮切りとなる人物として有名なのは、河口慧海（一八六六～一九四五）だ。黄檗宗の禅僧であった慧海は、チベットに伝わる宝物のような経典を手に入れるため、単身で日本を出国。鎖国状態にあったチベットを目指して、一八九九年にインドからネパールへ入り、翌年には国境を越えてチベット入国を果たした。この際、彼はヒマラヤを眼前に臨みその雪道を踏みしめた最初の日本人となった。

この慧海に続き、ネパールへ入国し仏教の経典や遺物の調査に取り組んだ先駆者の一人が、仏教学者の高楠順次郎（一八六六～一九四五）である。それは一九一二年の末から翌一三年にかけてのことであった。高楠にとっても、ヒマラヤはまずもって現地調査を行う過程でたまたま目にした自然の景観の一部に過ぎなかった。しかし、調査中に繰り返し視界に入ったその山の崇高な景色は、彼の一生を通して忘れることのできない神のような光景となる。いや、神ではなく仏あるいはブッダの姿が、ヒマラヤの威容に重なるかたちで、彼の両目に映った。

仏教の開祖であるブッダ（釈尊）は、インドとの国境沿いにあるネパールのルンビニに生まれ、インド北部を中心に活躍した。仏教が誕生し普及し始めたその地域の人々に対して、ヒマラヤの山々は、ブッダが生まれる遥か以前から精神的な影響を及ぼし続けてきただろう。高楠はそう考えた。もっといえば、インド人に対してヒマラヤが与える精神的な感化があったからこそ、仏教という世界宗教も確立し得たのではないか——。

インドは非常に暑い。この国で創作されたある経典の言葉に、「三界は安きこと無し、なお火宅の如し」というのがある（『法華経』）。苦しみに満ちたこの世界を、火事で燃える家に喩えた言葉だ。この「火宅」の比喩を身に染みて味わうためには、真夏のインドの酷暑を経験してみればよい。そこでは、ただ生きているだけで心身ともに辛くなってくる、燃えるような暑さを経験できるのだから。

そうした猛暑のただなかで、北方に連なるヒマラヤの冷たい雪山を眺望した古代のインド人は、その著しい対照性に心を打たれたに違いない。大昔のインド人たちと同じくヒマラヤの光景に感動した高楠は、そう思った。灼熱の大平原の彼方に、うだるような暑さから完全に解放された氷の山々が悠然とそびえ立つ。インドの人々は遥か昔から、そこに絶対の理想を求めてきたはずだ。やがてブッダという人物がこの世に出現し、仏教という万人を救済する宗教が創造された時、インドの人々は彼らの心中に抱かれた雪山の理想が、一人の人間とその教えというかたちで具現化される様を目撃したのではないか。

逆にいえば、ブッダの理想を目の当たりにしたければ、ヒマラヤの雄姿を直接目にしてみればよい。これがネパール滞在中の彼の心を襲った直観であった。ブッダが体現した、偉大で、清らかで、純粋な「絶対無限」のイメージを摑むには、あの霊峰を一見するに越したことはない。仏教には「光顔巍々」という言葉がある。あまりにも立派な仏の顔は、山のように大きく、光を放つという意味の表現だ。高楠はこの言葉をふまえながらいう。「釈尊〔ブッダ〕の光り輝く山のような顔と云うのは山〔ヒマラヤ〕を見れば直ぐ解る。（中略）釈尊の理想は実に此の山の如きものであると云う事である」（『真宗教と実生活』）。

かくしてブッダの似姿であるヒマラヤを体験した彼は、日本への帰国後、「雪頂」という雅号を好んで用いるようになった。雪を頂く山、つまりはヒマラヤのことだ。その後の彼の人生は、地球で最高峰級の雄大な雪山に映し出されたブッダの教えを、学問や教育を通じて日本のみならず世界へと伝えていくことに、ひたすら費やされた。

その最大の成果は、間違いなく大正新脩大蔵経だろう。膨大な量の漢訳仏典を編纂し、世界中の学者たちが便利に参照できるよう出版された浩瀚な書物の一群である。高楠はその出版事業のリーダーとして、借金という現実的な負担に苛まれながら猛烈に尽力し、事業を成功に導いた。また、この大蔵経のプロジェクトと並行して、彼は仏教に関する一般向けの啓蒙書を刊行し続ける。仏典を直に読みこなせる専門家だけではなく、市井の読者にも、仏教の真価とその日常生活への応用の仕方を知ってもらいたい。これは学者としての彼の一貫した願いであった。

一方、教育という実践もまた、高楠がその生涯を通して身命を捧げた事業である。東京帝国大学での教授職のほか、東京外国語学校（後の東京外国語大学）や東洋大学の学長を務めるなど、近代日本の知の基盤形成に多大な貢献をした。さらに、中央商業学校（後の中央学院大学）を仲間と興して校主となり、また仏教精神にもとづく女子高等学校である武蔵野女子学院（後の武蔵野大学）を創始して、日本社会を支える男女を育成した。彼は二十世紀前半を代表する教育者の一人でもあった。

こうした高楠の学問および教育活動は、彼の国際的な経験や人脈の分厚さによって成り立っていた部分が大きい。ヨーロッパへの長期留学、同地の学者たちとの交流、国際会議への参加、政府による対外交渉への協力、南アジアでの調査旅行、第一次世界大戦後の西洋見聞、ハワイでの授業など、高楠ほど海外経験が豊富な学者は戦前の日本では希少である。その貴重な経験は、やがて洋の東西の思想を統合した「新文化」の構想へと帰着する。そこには、国境を越えた地球人類の一体化と排他的なナショナリズムが交錯する現代世界の問題を考えていく際、改めて振り返るべき発想の萌芽を見て取れる。

本書は、この近代日本が生んだ最大の仏教学者、高楠順次郎の生涯と思想について論述する評伝である。仏教という、現代日本ではやや古臭い感触もする伝統文化を、国際的な舞台で活躍し続けた高楠という人物は、どのように受け止め直し、独自に表現していったのか。その過程を確かめていけば、仏教という伝統は過去から変わりなく続く旧習などではなく、世界史の劇的な推移に応じて動的に進化する、生命力に満ちた思想や文化であるという事実が鮮明に見えてくるはずだ。

ヒマラヤのブッダに邂逅したその人は、転変する世界の動向を見据えながら山のような書物を世に送り出し、理想に生きる無数の人格を育んだ。その躍動の軌跡を、ここに記す。

第一章　改革する学生たち

『反省会雑誌』創刊号

1　孝行と民権

広島の沢井家に生まれる

一八六六年六月二十九日（慶応二年五月十七日）、備後国御調郡篝村（現広島県三原市八幡町篝）の沢井家に、一人の男子が生まれた。後の高楠順次郎である。骨格の頑丈な、目に輝きのある賢そうな赤子であったという。沢井家待望の長男で、祖父によって梅太郎と命名された。

篝は山間部の小さな村で、御調川の渓流沿いに点在する二十軒ほどの村落である。沢井家は、この農村に江戸時代の初期から続く旧家であり、代々にわたり村長を務めてきた家柄であった。家には爽やかな湧き水があり、これが「沢井」姓の由来であったかもしれない。

父は観三（当時二十九歳）、母（二十二歳）は以喜。父は無口で一見近づきにくい印象だが、親しく付き合えばその心の優しさが伝わってくるような人柄であった。それに対して、母はとても快活でおしゃべり。信心深い仏教徒でもあり、毎朝必ず念仏を唱えていた。沢井家は先祖代々、親鸞の教えを信奉する浄土真宗を宗旨とした。

梅太郎の誕生時、家庭にはほかに、祖父の清作（六十四歳）、祖母の佐遠（六十一歳）、曽祖母の妙応（八十八歳）がいた。また、梅太郎に続き次男の和貴や三男の常四郎（三原図書館の初代館長を務め

生　家

た郷土史家）をはじめ、六人の弟や妹が生まれた。このうち、五男と長女は早くに亡くなっている。

祖父による漢籍の教育

両親はもちろんだが、それ以上に長男の誕生を喜んだのは、祖父の清作であった。孫をよく抱いたり、おぶったり、添寝したりと、とにかく愛してやまなかった。清作は百姓であったが、独学の漢学者でもあり、号として清斎を名乗った。農業の合間に四書（ししょ）・五経（ごきょう）や漢詩を熱心に学び、村の子弟にも学問を授けた。孫には子守歌として詩経（しきょう）や唐詩選（とうしせん）を朗唱し、四歳の頃から漢籍の素読（そどく）を教えている。かくして梅太郎は九歳頃には多くの漢詩をそらんじるようになり、弟たちを寝かしつける際、自身もまた数々の漢詩を子守歌とした。

一八七九年五月に宮内尋常（みやうちじんじょう）小学校を卒業の後、

両親や親族と共に（後列右端が高楠順次郎）

梅太郎は三原町の桜南舎へ入学する。桜南舎は、長谷川恭平（桜南、一八二九〜八五）という、三原出身で幕末に江戸の昌平黌（幕府の学校）に留学した人物が開いた私塾である。梅太郎は、この塾で漢学をさらに深めた。また、篝村の隣村から学びに来ていた花井卓蔵（一八六八〜一九三一、弁護士・政治家）とも、同じ塾生としてここで知り合った。以後、二人は生涯の親友となる。

桜南舎での学びを終えた梅太郎は、もうすぐ十四歳になる一八八〇年の四月、宮内小学校の教師として就職した。その初任給を、彼は袋に入れたまま祖父の清作へ捧げた。すでに七十八歳の高齢となっていた清作は、健康を害して病床にあったが、孫からの情のこもった贈り物を受け取り、その孝行の温もりに涙した。

清作の病がますます悪化するにつれ、梅太郎は寝食を忘れて看病に尽くしたが、いよいよ自分の死期が迫ってきたことを祖父は悟る。彼は孫を枕元へ呼び寄せ、これまでの孝養に感謝すると、懐から大事そうに先の月給袋を取り出した。袋の中身は梅太郎が贈った時のままであり、これを今後の勉学の資金とするようにと告げて、祖父は孫に袋を手渡した。それから間もなくの同年十一月、清作は他界する。

自由民権運動への呼応

一八八二年、沢井梅太郎は丸河南小学校に転任した。この辺りの時期に、彼は名を「洵」に改名している。また、後には「小林洵」とも名乗るようになった。「洵」の名称については由来不明だが、「小林」のほうは、母の親戚である小林家から採ったものと推測される。丸河南小学校に奉職していた時期、彼はこの小林家に身を寄せることがあったからである。

転任先で将来を期待されていた沢井は、着任後すぐ、郡の選抜した講習生として広島の師範学校に派遣され、最新の教育方法や学校管理の技術などに関する講習を受けた。この際、担当教員だった峰之三郎という人物が、教育とは education つまりは「引き出す」という意味で、子供が自然に持っている能力を引き出すことが肝心なのであり、教育を「教え込む」というふうに考えるのは間違いだと主張していた。この教員の発言に、沢井は強く共鳴した。

一方、沢井はこの頃、丸河南の金剛寺を会場とする仏教会を立ち上げている。近隣の人々を集め、僧侶を呼んで法話を聴かせてもらうなどしたのだ。こうした彼の仏教への関心の背後には、間違いなく母の存在があった。幼少期より、朝早くから「南無阿弥陀仏、南無阿弥陀仏……」と繰り返し唱える母の声で彼は目覚めた。また、母から仏壇への花の供えや、法要に際しての仏具磨きを命じられたほか、弟たちに経文の読み方を教えるようにも指示されている（「私の生立と信仰」）。孝行息子である彼は、この母の確固たる信心を素直に継承し、一生を通じて浄土真宗の信徒であり続けた。

また、沢井は仏教会の結成と前後して、別の小学校で教員をしていた花井卓蔵らと共に「竜山会（または梁山会）」を組織している。これは政治の研究会や演説会などを開催するための団体であった。当時、いわゆる自由民権運動が全国的に展開されており、それに呼応するかたちで結成された組織である。

一八七四年一月、政府内の権力闘争に敗れて下野した板垣退助らが国会開設の誓願を行ったことに始まる自由民権運動は、民衆による政府批判や権利獲得の訴えとして広範な影響を及ぼし、その波風は三原の地にも及んでいた。桜南舎の頃からすでに政治的関心の高かった花井は板垣の『自由新聞』を、沢井のほうは中島信行らによる『日本立憲政党新聞』を購読し、それぞれ党員にもなっている。彼らは毎週一回、金剛寺で演説会を開催し、現代の政治、教育、宗教などに関して自らの胸に抱く思いを熱弁した。当時、政治演説は厳重に取り締まるべきとの指令もあったが、沢井は一時的に小学校教員を辞したりもしつつ、運動を続けた。短期間ではあるが、大阪で中島を総理とする立憲政党の地方支部員としても活躍している（『花井卓蔵全伝』）。

本書でこれから詳しく見ていく通り、高楠順次郎という人物は、第一級の仏教学者であったと同時に、政治的な見識も豊かであり、また共同事業の指導者としても極めて優れていた。その才覚は、この十代後半における民権運動への参加によって磨かれた部分が大きかったと考えられる。

2　進学という転機

西本願寺の普通教校へ

一八八四年十二月、沢井は丸河南小学校を退職し、翌月、広島を離れ京都へと向かった。そして八五年の四月十八日、京都の普通教校に入学する。普通教校は、西本願寺（にしほんがんじ）が経営する仏教系の高等学校（龍谷（りゅうこく）大学の前身の一部）であり、四月に開校されたばかりであった。この学校に入り充実した教育を受け、さらに仲間たちと協力して清新な活動に取り組んだことは、沢井の人生の転機となった。

沢井の普通教校への進学については、まずもって沢井の才能を高く評価する周囲の後押しがあったようである。沢井の生地の篝村から数キロの範囲の寺院には、先進的な意識を有する浄土真宗の学僧たちが数多くおり、沢井は地元で仏教会を開催していた関係で、彼らと交流する機会がたびたびあった。

なかでも、府中の明浄寺の日野義淵は沢井の将来性を見込んでおり、沢井が京都の高等学校へ進めるよう、英語を学ぶ機会を与えるなどした。自分の寺に英語が得意な人物を呼び寄せて学習会を開く際、その教室に沢井も招いていたのである。沢井が京都留学へと赴く際の旅路にも、この日野が広島から付き添った。

他方で、十八歳の沢井自身が、もちろん進学を強く望んでいた。先述した広島師範学校での education（教育）の本義に関する気づきなどを通して、より高い水準の教育を受けることを彼は切に願っていたのだ。そのためには、京都のような文化の中心地へ出て行くほかない。青年の向学心は、一地方の小学校教員としての生活では決して満足しなかった。

そうしたなか、まさに絶好のタイミングで普通教校が開校されたのである。先述の通り、普通教校は西本願寺という伝統仏教の巨大寺院が経営する学校であった。しかし、僧侶か俗人かを問わず志のある若者たちに門戸を開き、これからの社会を生き抜く上で必要な幅広い一般教養を提供した。とりわけ重視されたのが英語であり、辞書もまだ十分には出回っていない時期に、ほとんどの教科書に英語の原著が採用された。

西本願寺には、すでに一六三九年に創立の「学林」と称する教育機関があり（龍谷大学のルーツ）、これが一八七六年には「大教校」と改称して、僧侶を育成する専門学校として運営されていた。だが、当時の法主（本願寺の住職）であった明如（大谷光尊、一八五〇〜一九〇三）は、僧侶の養成だけでは仏教の未来は危ういという危機感から、寺院出身者か否（いな）かを問わず世に広く才能を募ろうとした。この明如の革新的な発想が、普通教校の創設を導いたとされる。

同校の創立の背景としては、キリスト教という一種の外的要因の影響もあった。明治初期、それまで禁教であったキリスト教が次第に日本での活動を許されるようになり、徐々にではあれキリスト教に改宗する日本人も増えてくる。西洋の文明や文化を見習おうとしていた当時の日本人にとって、西洋からやって来たキリスト教は魅力的に映る部分が少なくなかった。一方、仏教は旧時代の古臭い風習であり、これを捨て去ったほうが日本の近代化はより円滑に進むだろうと考える者もあった。こうしたキリスト教の上昇と仏教の下降の予兆をふまえ、仏教を時代に適応するよう刷新せねばならないという問題意識が、当事者のあいだでは著しく高まっていた。教育は、そうした当時の仏教者たちの問題意識のいわば中心を占める課題の一つであった。

特に当時の京都の仏教界にとっては、アメリカで牧師（ぼくし）となった新島襄（にいじまじょう）（一八四三〜九〇）の創始した同志社（どうししゃ）が、キリスト教という脅威の具体例として存在していた。普通教校に先立つこと十年前の一八七五年、無数の伝統的な寺社がひしめく京都の地に、同志社英学校（同志社大学の前身）が開かれる。以後、同志社は一部の僧侶をはじめとする保守的な京都人からの理不尽な迫害を受けながらも、着実に発展を遂げていった。進取の気風に富んだ若者たちが集い、教科書はおおよそ英語のもので、未来の人材育成を感じさせるに十分であった。謹厳な性格の新島の方針により、学生には禁酒を徹底させるなど宗教的な道徳の雰囲気にも満ちており、京都の仏教関係者にとっては恐るべき勢力と感じられた違いない。

設立当初の普通教校は、そうしたキリスト教という「外敵」への対抗心と、その手強い相手から学べるところを学ぼうという建設的な意識、この両面を活動の源の一つとしていた。実際、この学校の第一期生であった沢井は、現役の学生時代はもちろん、卒業後に国際的な仏教学者となってからも、キリスト教をライバル視しながら自身の行動を方向付けることが少なくなかった。

教育環境改善の訴え

僧俗を問わず次代を担う若者に新しい教育を授けるために開校された普通教校であったが、設立当初は教育環境にだいぶ不備があったようだ。校舎は、西本願寺の家臣である下間少進（しもつましょうしん）の旧邸宅を修理し、別に教場一棟と、寄宿舎として三つの寮が増築された。沢井と共に学生生活を送った古河老川（ふるかわろうせん）によれば、これらは総じて「粗末」な建物であった。食堂には夜になると狐が出現するという噂があり、北の寮には壁から草が生え、南の寮には「幽霊室」と称される不気味な暗い部屋さえも。この寮に住んでいた臆病な学生は、夜な夜な悪夢を見たという（『老川遺稿』）。

仏教界の古風なしきたりの影響も依然として残っており、開校の翌年には業を煮やした生徒たちのあいだで「海外同盟」なるものが結成される。このグループは、学校当局に対して次のような四つの要求を提出し、教育環境の改善を求めた。

一、器械体操を廃して、歩兵操練科（ほへいそうれんか）を設置されたい。

二、服制を定めて、洋服を制服とされたい。

三、日本人教師の英語では不十分であるから、外人教師を雇い入れられたい。

四、寄宿舎の食事を改良して、毎朝卵を一つずつつけてほしい。

これらの要求を掲げて現役学生の署名を集めたところ、ほぼ全員が賛同しこれに応じた。そして、その筆頭には、「小林洵（沢井洵）」の名前が記されていた。

この署名は、実のところ沢井本人のあずかり知らぬうちに、グループの首謀者が勝手に書き入れたものであった。沢井は学生のあいだで人望があり、彼の名前がないと同盟に加わらない人間がいるため、このような詐術（さじゅつ）が行われたのだ。

首謀者がなぜ沢井に直接相談へ行かなかったかというと、参加を拒否される可能性があったからである。当時の沢井は学生であると同時に、器械体操の教師でもあった。広島師範学校で研修を受けた際、彼はアメリカ帰りの伊沢修二（いざわしゅうじ）から器械体操を学んでおり、普通教校に入ってからも、体操の時間だけは教師となり報酬を得ていた。彼はこの報酬と、知人の子供の家庭教師をして得た収入で学費をまかなっており、もし器械体操が廃止されてしまうと困った事態となる。ゆえに、首謀者は沢井に直談判することを躊躇したわけだ。

しかし、さすがに当人に内緒では済まされないと観念したのだろう。署名の提出後、首謀者が沢井のもとを訪れ、改めて賛成の意を示してくれるよう頼み込んだ。沢井にとって、確かに器械体操が廃止され収入を失うのは惜しいが、歩兵操練は今後の日本人には是非とも必要であり、それを普通教校が率先して取り入れることには反対しなかった。また、洋服を制服にするという案や、外国人教師を雇うべきという意見には、まったく賛成であった。西洋化の推進こそ今の日本の教育に求められる最大の要素であるという点に関しては、「海外同盟」の結成者たちと考えを同じくしていたのである。なお、毎朝卵一個をという要求については、学校の予算的に難しいようにも思われたが、特に反対する理由はなかった。

かくして沢井の事後承諾を得た生徒一同の要求であったが、学校側はこれをよしとせず、同盟の中心人物四十二名に対し退学を命じた。もちろん沢井もその一人であった。それから少し日がたって、ほかに行き場のなかった彼が寄宿舎でくすぶっていたところ、学校当局からまわってきた回覧をふと目にする。そこには、西本願寺の法主の息子（大谷光瑞）がこのたび東京の学習院に留学することになったので、普通教校の学生は全員、七条駅へ見送りに出て来るようにとの命令が書かれていた。沢井はもう退学が確定しており、この命令に応じる義務はなかったが、あまりにも暇なので見送りに参加した。とはいえ彼は退学生なので、ほかの学生たちの列からは外れて一人ポツンとしていた。

翌日、西本願寺の有力者の一人が普通教校へやって来て、「見送りに参加しない生徒も多いなか、退学を命じられた学生がたった一人で見送りに来ていた。あれほど殊勝な学生を退学処分にするとはどういうことか」と怒声を上げた。学校側はこれに狼狽し、沢井は幸いにも復学を許される。また、ほかの四十一名の退学者についても、進路が見つからない者たちについては、沢井の口利きですべて復帰できることとなった。

彼らの復学後、一連の騒動の原因となった四つの要求もまた受け入れられていた。すなわち、新たに歩兵教練を正科とし、教師として少佐一名、曹長一名、軍曹一名が雇われ、本式の大隊演習が行われるようになったのだ。沢井はこれらの教官のもとでラッパの奏法を教わり、その後、学校当局と相談してラッパ手としての仕事を与えられた。こうして彼は、歩兵訓練の授業時のほか、起床・食事・始業・就寝時のラッパによる合図を担当し、再び学校から安定した収入を得られるようにもなった。

歩兵訓練を実施するくらいなので、制服はもちろん洋服となった。英語の教師にもアメリカ人のボールドウィンらが新たに招聘され、普通教校の教育体制は刷新された。最も難しいのではないかと思われた毎朝の卵一個という条件も実現し、寮生たちの学習環境は大幅に改善されることとなった。

3　反省会雑誌

禁酒運動を推進する

一八八七年八月、『反省会雑誌』の刊行が始まる。著名な総合雑誌『中央公論』の前身だが、この時は禁酒や道徳を勧める団体の機関誌として発行された。その団体、つまりは「反省会」の、沢井は設立当初の中心人物であった。

反省会の設立経緯は次の通りである。先の学校改革をめぐる動乱が収束してから間もなく、佐藤源兵衛という同志社を辞め普通教校に赴任してきたばかりの英語教師の進退をめぐり、学内に再び騒動の種がまかれる。佐藤は、普通教校の教授会の後に開催される懇親会に参加する際、酒をまったく飲まなかった。すると、こうした佐藤の態度が気に入らない古参の教授陣のあいだで、「酒を飲まない佐藤はキリスト教徒に違いなく、そうであれば我が校の校風には合わないから免職にしよう」といった横暴な相談が持ちあがる。

この話を聞き付けた沢井は、学友の秦敏之（一八七〇～一九二二、シンガーミシン裁縫女学院の設立者）と二人で、佐藤の免職に反対する運動を起こした。その際、沢井らは仏教にとっての飲酒の意味を改めて議論した。キリスト教の場合、「葡萄酒をキリストの血と思え」という教えにもとづき、儀式の際に葡萄酒を飲むことになっている。それでも、昨今のキリスト教徒は禁酒を積極的に行っており、その厳粛さが識者や若い世代にも好意的に評価されている。それに対し、仏教には元来、飲酒を禁じる戒律があるはずだが、日本の大半の仏教徒は平気で酒を飲んでおり、甚だ不都合である。我々はこうした現状を深く反省し、仏教徒にふさわしい禁酒運動を推進すべきではないか——。

かくして一八八六年三月、学生有志が普通教校の寮の一室に集い、沢井および常光得然を「会幹」として反省会が発足する。次いで四月六日には、新たに「反省会有志会大趣意書」を著して講堂に掲示し、この日を会の創立記念日として定めた。

その最大の目的は、正会員である学生たちが絶対的な禁酒の誓いを立て、禁酒の実践を続けていくことにあった。加えて彼らは、本願寺をはじめとする寺院で仏事を行う際に酒を用いることにも反対した。とはいえ、それまで飲酒の習慣を続けてきた者に、いきなり禁酒を徹底させるのは難しい。そこで、反省会では「節酒同盟員」という枠も設けられた。少しずつ酒の量を減らし、やがては完全な禁酒に到達することを目指すというものだ。また、禁酒の普及が最たる目的ではあるが、それに限らず、学生ないしは仏教徒の本分に恥じない道徳的な生き方を築き上げられるよう、風紀の改善が主張された。

運動は開始早々から順調に拡大し、会員も日増しに増えていった。最盛期となる一八九四年末には、一万八五七〇名もの会員を数えたという。当時は横浜や北海道、東京などでキリスト教の宣教師たちの主導する禁酒運動が旺盛に展開されており、これらは次第にキリスト教徒以外の日本人にも支持されていった。反省会のメンバーは、こうしたキリスト教系の団体とも連絡を取り合いながら、共に日本社会における禁酒の促進に努めた。

会員数の増加に伴い会費収入も潤沢となったのを受け、沢井らはこれを主な資金源として、機関誌の刊行を思い立つ。そして会の発足から一年と数ヵ月の後、『反省会雑誌』が誕生した。

多数の英文を掲載

創刊号は、大型菊判四十六ページの体裁。発行所は普通教校内の反省会本部で、雑誌の持主兼印刷人は小林洵、つまりは沢井その人であった。彼は一生のうちにいくつかの雑誌の創刊に立ち会うことになるが、これがその最初の機会である。

表紙には日本語の題字のほか、アルファベットで大きく〝THE TEMPERANCE〟と印字されている。西洋社会に端を発する禁酒運動（テンペランス）を旗印に掲げる雑誌というわけだ。また、表紙をめくると、日本語で書かれた「反省会雑誌発刊主意」の上に、次のような英文が記されている。

PRAISE BE TO THE BLESSED ONE, THE HOLY ONE, THE AUTHOR OF ALL TRUTH.
FOR OUR LORD, BUDDHA'S SAKE, /DO ALL THE GOOD YOU CAN, /IN ALL THE
WAYS YOU CAN, /TO ALL THE PEOPLE, YOU CAN, /WHENEVER YOU CAN, /

WHEREEVER YOU CAN, /AND AS LONG AS YOU CAN!

（祝福されし者、聖なる者、すべての真理の創造者を称えよう

私たちの主、ブッダのために／なしうるすべての善を行いなさい／可能な限りの方法で／できる限りの人々に／いつでも／どこにいても／あなたができる限り！）

「ブッダ」と記載されてはいるが、全体的にむしろキリスト教の標語を思わせる。既述の通り、そもそも反省会という団体は、同時代のキリスト教や同志社の動向を強く意識しながら結成されていた。よって、その機関誌にもキリスト教からの感化、ないしは対抗心が陰に陽に見て取れるのは自然な成り行きだろう。

また、この冒頭のスローガン的な文章のみならず、同誌には創刊号から多量の英文が掲載されている。特に目立つのが、欧米人との英語による手紙のやり取りで、その英文書簡の原文の翻刻が日本語の訳文と共にそのまま載せられた。たとえば、当時は東京帝国大学の教授職にあったアーネスト・フェノロサに宛てて沢井が送った手紙が、創刊号に掲載されている。そこには、反省会の簡単な紹介と、禁酒に関する見解を述べた文章を先生にも寄せてほしいとの依頼が記されている。これに続いて、その返信となるフェノロサからの書簡もあわせて掲載された。ただしその内容は、これからヨーロッパに出立するため忙しく、申し訳ないが今はその種の文章を書く余裕がないという、丁重な断りの返事であった。

初期の『反省会雑誌』には、この種の書簡をはじめ、反省会のメンバーと欧米人との交流を示す記事の占める割合が多い。それはなぜだろうか。当時の普通教校の学生たちは、授業で習った英語を実践的に使用する機会を求めており、また禁酒運動は西洋発ゆえ、禁酒のいわば「本場」である欧米の人々との交信を活発化させる必然性もあっただろう。とはいえ、それだけでは同誌における欧米人の存在感の大きさの理由は説明できない。

欧米仏教ブームとオルコット招聘

『反省会雑誌』が刊行された一八八七年から八九年頃まで、日本には「欧米仏教」ブームとでも称すべき状況があった（『神智学と仏教』）。すなわち、この頃のアメリカやヨーロッパでは仏教に魅了される人々が次第に増えており、少数ではあれ仏教徒になる白人も姿を現し始めていた。そうした状況をふまえ、英語を共通語とした国際的な仏教ネットワークを形成しようとする機運が、この時期、かつてなく高まっていたのである。沢井ら反省会のメンバーが欧米人との交流を積極的に進め、その進捗状況がわかる記事を雑誌にたびたび載せていたのには、そうした背景があった。

この欧米での密かな仏教熱に対し最も意欲的に応答していたのが、普通教校の英語教員、松山松太郎であった。一八八七年八月、彼は反省会の内に「欧米通信会」を結成し、さらには英語で書かれた仏教新聞の発行に着手する。松山の姿勢に賛同した沢井もその試みに協力し、かくして一八八八年七月、日本初の英字仏教新聞 *Bijou of Asia*（『アジアの宝珠』）が創刊された。これは日本だけではなく世界的に見ても最初期の、英語を用いた仏教メディアの一つである。発行部数は一三九〇部で、アメリカ、英国、フランス、インドといった国々の各所に船便で発送された。

また、同年八月十一日には欧米通信会を発展させた「海外宣教会」が組織され、十二月には国内読者向けの雑誌『海外仏教事情』が創刊された。こちらも創刊時には数千部が発行されており、海外における仏教の現状について、当時の日本人が強い関心を抱いていたことが示唆される。なお、沢井は次章に述べる英国での留学中、ロンドンで見聞した当地の仏教に関する実態を、海外宣教会に宛てた書簡で報告している。

こうした欧米仏教ブームの最高潮とされる出来事が、ヘンリー・S・オルコット（一八三二〜一九〇七）の日本招聘と約百日間に及ぶ講演旅行の大成功だ。アメリカ出身の元軍人にして弁護士のオルコットは、一八七五年、盟友のヘレナ・P・ブラヴァツキーと共に神秘主義の団体である神智学協会をニューヨークで立ち上げる。その活動の延長上で、彼はスリランカを訪れた際、仏教徒に改宗していた。その後、スリランカでの仏教復興運動に協力していたオルコットの存在が、日本でも一部で知られるようになる。そして、京都で英語学校オリエンタル・ホールを営んでいた在家仏教徒の平井金三らがその招聘に向けて動き、これを受けて一八八九年二月九日、彼は来日を果たす。

オルコットは数多くの講演会に招かれて喝采を浴び、政府高官とも面会して好評を得た。この大歓迎の裏には、反省会や海外宣教会のメンバーに代表される若い仏教者たちの欧米志向だけではなく、当時の仏教界全体に蔓延する危機感があった。西洋から進出してきたキリスト教に押されるかたちで、日本の仏教はひたすら衰退してしまうのではないか。そのような懸念を抱いていた寺院関係者らは、西洋人でありながら仏教徒でもあるオルコットの来日に、仏教の将来的な可能性を見出したのだ。実際、オルコットの講演料や旅費の大部分は、東西の本願寺などの仏教教団が負担していた。日本での彼の絶大な人気は、それを支えた仏教関係者の不安の裏返しでもあったといえる。

ダルマパーラとの交流

一方、このオルコット来日の際には、さらにもう一人、海外の仏教徒が付き添っていた。スリランカ出身のアナガーリカ・ダルマパーラ（一八六四～一九三三）である。コロンボの富裕商人の家に生まれた彼は、少年時代から仏教を信奉しつつ、神智学にも興味を持ち、オルコットと直接面談して神智学協会に入会する。その後、彼はオルコットと協力して南アジアの仏教復興に努めていた。

ダルマパーラは、国境を超えたアジアの仏教者の連帯という抱負を胸に来日した。自分の高邁（こうまい）な理想に共鳴してくれる同志が、この日本という国にもいないだろうか――。そうした彼の期待に最初に応えたのが、彼とほぼ同年齢の若き仏教徒、沢井洵にほかならなかった。沢井とダルマパーラ、そして沢井の親友の秦敏之の三人は、京都の円山公園の中村楼（なかむらろう）の宿舎で何度も会合し、これからの仏教者の行くべき道を熱心に論じあった。

ところが、常夏のスリランカ出身のダルマパーラは、日本の寒気にやられて重度の神経痛を発し、病床に就いてしまう。その際、沢井と秦は毎日のように彼の側に付き添って看病した。これはまさに、国境を超えた仏教者の助け合いであった（「ダンマパーラ居士の訃音」）。

なお、ダルマパーラはスリランカに帰国後、インドという仏教発祥の地に世界の仏教徒の聖地を再建するための運動を開始し、一八九一年に大菩提会（Maha Bodhi Society）を創立する。また、欧米各地での布教活動にも邁進し、世界的に名を知られるアジアの仏教者となった。日本にも最初の来日から後、三度にわたって訪問しており、世代の近い仏教者たちとの交流を重ねた。

「国粋」を重んじる西洋化

『反省会雑誌』は、こうした国際性の顕著な環境で発刊されていた雑誌であった。しかし他方で、そのねらいは過度な西洋偏重を問い直すことにもあった。それは同誌の社説の論調からも明らかである。これらの社説は、ほぼ沢井の筆によるものであり、当時の彼の基本的な思想も、そこから明確に読み取れる。

第七号の社説「新旧思想の調和は西洋主義に依らざるべからず」を見てみよう。いわく、昨今では西洋文明をひたすら敬服する態度を改め、国粋主義を唱える声も湧き上がって来ている。だが、自分たちは依然として西洋のやり方に学びたいと考えており、とりわけ女子教育については、徹底的に「西洋主義」に依拠する必要があると主張する。他方でしかし、日本の伝統にも本来的に良い部分があり、これを捨てて全面的に西洋の風習を採り入れるわけではない。すなわち「国粋の保存すべきは則保存し、欧風の模倣すべきは則模倣す」。これは全面的な西洋主義ではなく、いうなれば「西洋咀嚼主義」である。あるいは、国粋主義と西洋主義の中間に位置する「中立主義」だ。日本の伝統を守りながら、他方で西洋の文明や文化を取捨選択した上でその長所を貪欲に吸収するという、一種の折衷主義を目指すというわけである。

社説は続けて次のようにも述べる。そもそも、宗教が尊重するのは人間の自由であり、逆に最も低く評価するのは、人間が奴隷状態にあることだ。そうであれば、日本人が西洋人の知識や技術に依存するだけの「文明の奴隷」となることは、宗教的な観点からして好ましくない。仏教に関しても、引き続き西洋主義に学んで自己変革を試みると同時に、そのようにして改革された仏教を、遠く海外へと輸出し、「西洋人を説服」していくことが肝心である。つまり、仏教が国内のみならず国外へと自由に羽ばたき、その教えを拡散する力を獲得するためにこそ、引き続き西洋主義の立場を取るという意見である。

このような論理は、同誌第九号の社説「新思想と旧思想」にも通底している。いわく、一般に「老人の眼中」には過去の幻影が映り、それに対して「青年の心理」には未来のイメージが描かれる。前者は過去を保持し、後者は未来を欲望する。それゆえ、老人は「経歴の犠牲」となり、青年は「願望の奴隷」となる。この二つの立場はなかなか相容れず、衝突しがちである。だが、これら新旧の思想が上手く調和した時、そこに「完全の人物」による「完全の思想」が創造されはしないだろうか。

仏教界に目を向けてみても、勢いのある若い世代が集まり教団の外で改革運動を起こそうとするが、資金不足で結局は行き詰まる傾向にある。対して、老人たちはこれまで貯えた豊かな財を有するが、勢いがないので何も新しいものを生み出せない。よって必要なのは、「財本と勢力」、「過去の経歴と未来の願望」、「進取の勇と退守の剛」の統合を目指すことではないか。そう述べた上で、当然のことながら「青年」の側に身を寄せるこの社説は、青年が禁酒などの新しい運動を進めていく際には、極端に走ることなく、慎重な歩みを進めていくのが大事だと結論している。

先の社説が日本と西洋の折衷を求めるものであったとすれば、こちらは国内における世代間の和合を重んじる論説であったといえよう。いずれにせよ、これらは過去と未来、伝統と革新といった本来は対立するものの融合を強調する立場である。そして、こうした表面的には対立する二者の統合的な理解を追求する姿勢は、以後の沢井（高楠）の思想にも一貫して見られるものだ。

ちなみに、こうした社説を掲載していた初期の『反省会雑誌』には、はっきりとライバル視している雑誌があった。それは同年（一八八七）の二月に創刊され、瞬く間に言論界を一世風靡した『国民之友』である。沢井と同年代のジャーナリスト徳富蘇峰（一八六三～一九五七）の設立した言論団体

「民友社」が発行する総合誌で、「平民」主体の欧化主義を主唱していた。蘇峰は、もともと同志社の出身であり、雑誌の創刊時にはすでにキリスト教から離れていたとはいえ、彼の主宰する雑誌の成功は、反省会のメンバーたちの対抗意識に火をつけた。『反省会雑誌』の社説が西洋主義への一定の留保や、若さゆえ勢いに頼りすぎる青年への反省を促したのは、おそらく『国民之友』に対する牽制という側面もあっただろう。

一方、一八八八年四月には志賀重昂や三宅雪嶺、井上円了らの組織した言論団体「政教社」の機関誌『日本人』が創刊され、こちらも大きな反響を呼んだ。同誌もまた西洋化を当然の前提としていたが、それ以上に国粋主義の大切さを主張しており、しばしば「国粋保存」という文言を用いた。日本の因習に拘泥せず、西洋から新しいものを意欲的に取り入れていくが、他方で日本の国民性を成り立たせてきた政治や宗教、道徳や美術の伝統は厳として保持する、ということだ。明らかに『反省会雑誌』の社説と重なる論調であり、これは同時代の言論ゆえの見識の一致か、あるいは、沢井ら反省会のメンバーが政教社の論客、とりわけ国粋主義の仏教者である井上円了の意見に影響された部分があったように思う。

いずれにせよ、日本の「国粋」の中核に仏教を据えていた点は、『反省会雑誌』の独創的な特色であった。仏教こそを日本の伝統の中心に置き、その保存と発展のためにも西洋に学ぶというこの発想は、以後、沢井（高楠）の行動を方向付ける基本的な原理の一つとなる。その意味で、『反省会雑誌』

を舞台として青年時代に入れ込んだ言論活動は、彼の生き方や考え方を決定付けたともいえるだろう。

高楠霜子との結婚

かくして、学生の本分である学業のみならず、禁酒をはじめとする風紀改良の取り組みや、英語を用いた国際交流、仲間と立ち上げたメディアを通した言論活動など、とにかく忙しい日々を送っていた沢井であったが、この学生時代に結婚もしている。正確な月日は判然としないが、一八八七年のことであった。

相手は神戸の資産家、高楠孫三郎の一人娘、霜子である。高楠家は楠木正成の末裔にあたる名家で、代々、真宗高田派に属する門徒の家系であった。沢井の義父となる孫三郎もまた、真宗の教えを大切にし、念仏を重んじ、菩提寺の世話人を務めるほど信心深い人だった。

彼は一人娘である霜子のことを愛してやまなかった。ところが、娘の卒業した学校がミッション系の神戸英和女学校（神戸女学院の前身）であったことから、彼女は卒業後もキリスト教に傾倒し続け、今にも洗礼を受けそうな状態であった。仏教をとても大事にしている父として、親子で信仰の道が分かれてしまうのは忍びない。そこで孫三郎は、仏教を信仰する前途有望な青年を娘の夫の候補として探し始める。そして、知人の浄土真宗の僧侶らの紹介によって見出されたのが、沢井洵であった。

この縁談に関して、沢井家の両親は当初、かなり難色を示した。なにしろ、洵は沢井家の長男であり、しかも子供たちのなかでも特に優秀な男子であった。それゆえ、他家に婿入りさせるのではなく、自分たちの家の跡取り息子にしたいというのが、両親の自然な願いであった。こうして息子の縁談を頑なに拒もうとする沢井家に対し、高楠家のほうでも熱心な説得に努める。だが、家系の由緒の正しさや、真宗門徒としての系譜を示すも、沢井の両親はなかなか首を縦に振らなかった。そこで、洵のヨーロッパ留学にかかる費用を負担するという条件を提示したところ、ようやく縁談がまとまった。

結婚後、沢井は姓を改めて「高楠洵」と名乗り、やがて名も「順次郎」に改めた。「順」は「洵」の同音変化であり、また幼名の「梅太郎」とは異なり「次郎」に変えたのは、「太郎」では生家の跡取り息子のようで婿養子にはふさわしくないから、ということらしい。また「高楠洵」の三文字では、留学先で中国人と間違えられやすいという懸念もあったようだ。

いずれにせよ、霜子はその後、夫の順次郎と共に真宗の信仰に生き、仏教徒としての社会活動にも尽力するようになるから、彼女の父の望みは達成されたといえる。また、沢井洵としても、この結婚を契機とした海外留学が、その後の彼の人生を大きく飛躍させることになるので、この縁談は当人にとって良い巡り合わせであっただろう。一方、結婚に際しての霜子の心情の変化について語る資料は見つからない。当初はキリスト教への未練もあったのではないかと推測するが、むろん憶測の域を出ない。

『中央公論』への改題

高楠は一八八九年の六月に普通教校を卒業し、九月以降は反省会の「会幹」の職も辞す。その後も会の活動に協力し、留学中も雑誌への寄稿をたびたび行っているが、次第に第一線からは退いていった。

一八九二年五月、『反省会雑誌』は誌名から一字を削って『反省雑誌』と改題。この頃には禁酒団体の機関誌という当初の趣旨を失いつつあり、仏教を基盤に据えた一般評論誌という性格が強くなっていた。四年後の一八九六年十二月には発行所を東京市本郷区駒込西片町へ移し、誌面の仏教色も徐々に薄まっていく。

一八九九年一月には誌名を再び変更し、『中央公論』となる。『反省雑誌』というタイトルでは、いかにも道徳的で堅苦しく、売り上げが伸びないということで、これはマーケティングの一種としての改題であった。その後、同誌は総合誌として着実に成長し、現在もなお日本を代表する雑誌の一つとして続いているのは、周知のところだろう。

雑誌にとって画期となったこのタイトル変更は、高楠の意見を採用するかたちで決定された。その経緯は次の通りである。当時、英国に留学中であった高楠のもとに、『反省雑誌』の編集部から、候補の名前をいくつか挙げるので、どれがいいか選んでほしいという依頼が届いた。その中に「中央公論」という名前があり、高楠はこれが気に入る。その頃の英国では、*Cosmopolitan Review* や *Re-*

view of Reviews といった雑誌に権威があったが、「中央公論」は英語に訳せば *Central Review* となり、そうした雑誌と近い印象を与える。したがって「中央公論」が良いのではないかと高楠は返答し、この意見が編集部に支持される結果となった。

　ちなみに、高楠はこの命名以来、「中央」という言葉を好んで使うようになる。本書の第四章で述べる通り、一九〇二年に仲間と図り東京に新しく商業学校を設立する際、校名を「中央商業学校」と命名した。また、一九〇五年に東京法学院大学が「中央大学」に改称した時にも、高楠が花井卓蔵にした助言が容れられたとされるが、こちらは真偽の不確かな諸説の一つに過ぎない。

　ところで、反省会から離れていった後も、高楠は会の本来の目的である絶対的な禁酒を律儀に継続したのだろうか。この問いに対しては、はっきり「否」と答えておくべきだろう。英国留学中には一滴も飲まずにいたが、それから留学先をドイツへ移すと、現地ではビールをまるでお茶のように飲んでいる。これでビールにまったく手を付けないのは学者仲間とのコミュニケーションに支障が出るため、高楠は「学問の都合上」、やむを得ず酒を飲むようになったという（「明治時代に於ける禁酒運動の回顧」）。

　ヨーロッパ留学からの帰国後、凱旋した高楠の歓迎会が上野の精養軒で開かれた。留学前まで禁酒運動のリーダーであった人物を主賓とする会だから、幹事も酒を提供するかどうか迷った。そこで高楠は、自分はこの場で飲むつもりはないが、飲みたい人は飲んでも構わないので酒を出すのは自由だと述べて、皆を安心させた。この会には、先輩仏教徒の大内青巒（一八四五〜一九一八）も参加していた。彼はかつて、留学前の高楠から「仏教徒なのに酒を飲むとは何事か」と厳しく責められた人物であった。海外留学を経てすっかり丸くなった高楠を見た大内は、「可愛い子には旅をさせよ」という諺がつい口に出たという。その後も、高楠は研究仲間との懇親の際などにしばしばアルコールを嗜んでおり、飲酒を厳格に戒めることはほぼなくなった。

とはいえ当然のことながら、高楠は飲酒に対して寛容な態度を身に着けるために西洋へと向かったわけではない。あくまでも、より高度の学問を求めて海外へと旅立ったのである。次章では、その長きにわたる旅の跡を追ってみたい。

第二章　世界の日本人

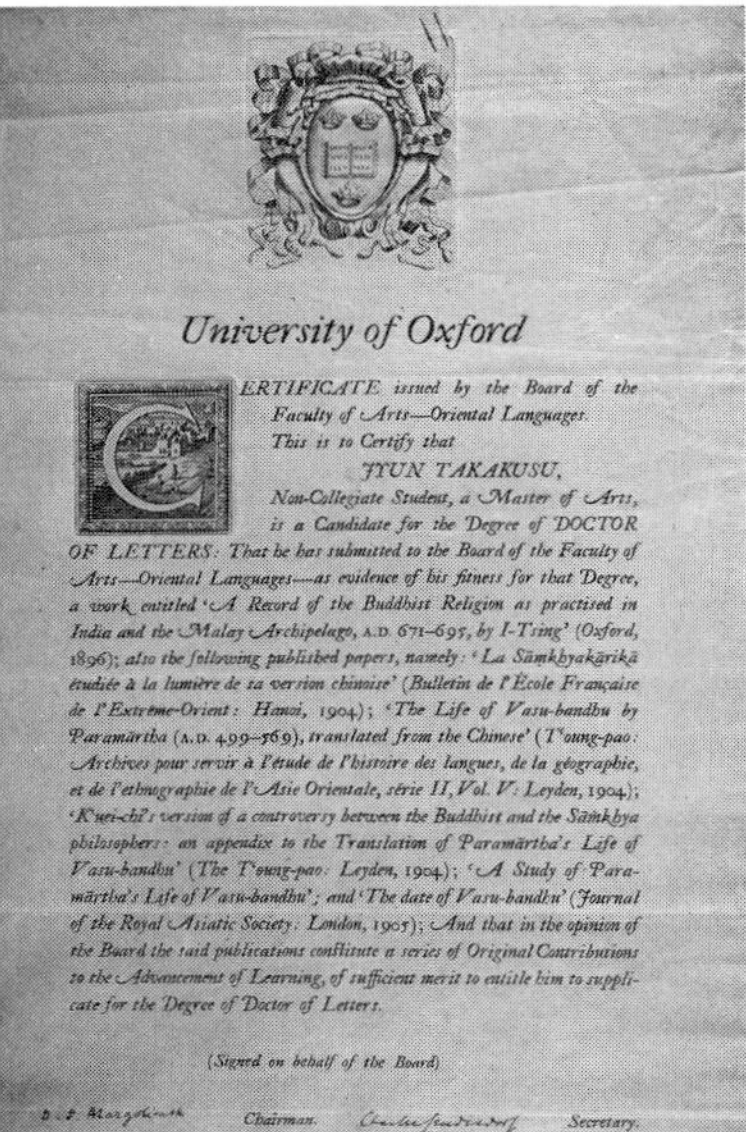

University of Oxford

CERTIFICATE issued by the Board of the Faculty of Arts—Oriental Languages.
This is to Certify that
JYUN TAKAKUSU,
Non-Collegiate Student, a Master of Arts, is a Candidate for the Degree of DOCTOR OF LETTERS: That he has submitted to the Board of the Faculty of Arts—Oriental Languages—as evidence of his fitness for that Degree, a work entitled 'A Record of the Buddhist Religion as practised in India and the Malay Archipelago, A.D. 671–695, by I-Tsing' (Oxford, 1896); also the following published papers, namely: 'La Sāmkhyakārikā étudiée à la lumière de sa version chinoise' (Bulletin de l'École Française de l'Extrême-Orient: Hanoi, 1904); 'The Life of Vasu-bandhu by Paramārtha (A.D. 499–569), translated from the Chinese' (T'oung-pao: Archives pour servir à l'étude de l'histoire des langues, de la géographie, et de l'ethnographie de l'Asie Orientale, série II, Vol. V: Leyden, 1904); 'K'uei-chi's version of a controversy between the Buddhist and the Sāmkhya philosophers: an appendix to the Translation of Paramārtha's Life of Vasu-bandhu' (The T'oung-pao: Leyden, 1904); 'A Study of Paramārtha's Life of Vasu-bandhu'; and 'The date of Vasu-bandhu' (Journal of the Royal Asiatic Society: London, 1905); And that in the opinion of the Board the said publications constitute a series of Original Contributions to the Advancement of Learning, of sufficient merit to entitle him to supplicate for the Degree of Doctor of Letters.

(Signed on behalf of the Board)

D. S. Margoliouth　Chairman.　Charles Leudesdorf　Secretary.
May 22, 1905.

オックスフォード大学から授与された名誉文学博士号（1905年5月22日付）

1　長い西洋留学

オックスフォードとマックス・ミュラー

一八九〇年三月十一日、高楠は神戸の港でフランス船オーシャン号に乗り込み、英国を目指して出航する。それから約七年間に及ぶ長期の海外留学の始まりであった。同じ船には、後に東京帝国大学附属医院長や宮内省侍医頭などを歴任する入沢達吉や、陸軍中将となる藤井茂太らも乗っていた。

長い航海の旅を経ての英国への到着後、ほとんど間を置かずに高楠が赴いたのは、オックスフォードにあるフリードリヒ・マックス・ミュラー（一八二三〜一九〇〇）の住居であった。ミュラーは当時の西洋を代表する東洋学者の一人であり、高楠はまずもってこの大学者からの助言を得ようとして彼の家を訪ねたのだ。

その家は、オックスフォード大学の公園に隣接するノーハム樹園にあった。建物の壁は屋根に至るまで蔓草に覆われており、決して大きくないとはいえ、学者が俗世間から離れて静かに暮らすには適しているように思えた。屋内に通され、主人の書斎へ入室すると、そこには四方の壁という壁に書物が配架され、机の上にも無数の書類が積み重なっていた。その机と同じく随分と昔から使い込まれてきたであろう古びた椅子には、美しい銀髪の老紳士が座っていた。

こうしてミュラーを訪問した際、高楠は南条文雄（一八四九〜一九二七）という真宗大谷派の学僧の紹介状を携えていた。南条は、高楠に先んじて一八七六年に英国留学し、八四年までミュラーの下でインド学の修得と研究に努めた人物である。彼は英国滞在中に分厚い仏典の目録（『大明三蔵聖教目録』）を英語で刊行して高い評価を受け、オックスフォード大学からMaster of Arts（文系の修士号）を取得、帰国後の八九年には文部省から日本第一号の文学博士の称号を授与された碩学であった。高楠はこの南条の跡を追おうとしてオックスフォードへの留学を志し、渡航前、浅草の南条の寓居を訪れ書状を得ていた。

高楠がその紹介状をミュラーに手渡すと、ミュラーは唐突な質問を高楠に投げかける。すなわち、「君は興味のために学問をするのか、金儲けのために学問をするのか」——ただただ自分の知的な関心を突き詰めるために留学したのか、あるいは、海外で学位や専門的な知識を獲得し、それをもとに金稼ぎをするためにここへ来たのか、その真意を、日本から到着したばかりの若者に問うたのである。

このやや両極端に過ぎる質問に対し、高楠は前者だと答えざるを得なかった。「金儲けがしたい」とは、とても言い出しづらかったのである。するとミュラーは、「よし、それならば、インド学という学問は素晴らしい。これをやるにはまずサンスクリット語とパーリ語だ。学問をするにはこの道に限る」と畳み掛けてきた。自分が専門とする学問を、高楠にも熱心に勧めたわけである。

この時点の高楠としては、確かに先達である南条が究めたインド学には多大な関心を抱いていた。

仏教への信仰も篤かったから、これを学問的にさらに深めたいという願望もあった。他方で、彼はこの留学では政治学や経済学といったより実学的な勉強をしてみようかとも考えていたので、ミュラーの一方的な勧誘には少し戸惑った。とはいえ、大学者であるミュラーの情熱的な態度に魅入られたのだろう。この面会の後、高楠はインド学を専攻する決意を固めていく。

インド学・仏教学の勃興

ミュラーが高楠に対しインド学を熱心に推奨したのは、単に本人の専門だったから、というだけではない。当時のヨーロッパではインド学が絶頂期を迎えており、この勢いのある流れに掉さして欲しいという願いがミュラーにはあった。加えて、南条のような日本からの留学生が、すでにインド学に関する立派な業績を上げている。南条の紹介でやって来たこの高楠という日本人にも、是非この道に進んでもらいたいとミュラーが考えたのは、自然な成り行きであったといえる。

インド学の起こりは十八世紀にある。その背景としては、西洋諸国による東洋の政治的支配や植民地化の進展があった。同時代のアジアに生きる人々を効率よく統治するため、彼らの文化や精神性に通じておく必要性が、西洋の特にエリート層のあいだで強まっていたのだ。とりわけインドの植民地化を進めていた英国の人々には、古代から続くインドの思想や宗教の内実を探る作業が求められた。

そうした取り組みに着手した先駆者の一人が、近代言語学の祖とされるウィリアム・ジョーンズ

（一七四六〜九四）である。十代の頃から語学の才能に恵まれ、オックスフォード大学でペルシア語とアラビア語を修得したジョーンズは、大学卒業後の一七八四年、カルカッタに裁判官として赴任する。現地の法律を知るためにインドの古典語であるサンスクリット語（梵語）を学びはじめた彼は、やがて法律のみならずサンスクリット文学にも関心を広げ、カーリダーサの戯曲『シャクンタラー姫』の英訳を出版するなど、古代インドの言語世界に傾倒していった。そして、サンスクリット語の構造を深く考察した結果、これはヨーロッパの古典語であるギリシャ語やラテン語と共通の源から発生した言語であると信ずるに至った。

このサンスクリット語とヨーロッパ言語の共通性について、ジョーンズ自身は実証することなく死んでいった。しかし、そうした言語学上の発見を導いたサンスクリット語研究に対する彼の情熱は、ホレイス・ウィルソンら、インドに渡った後続の西洋人たちに引き継がれていく。ウィルソンは仏教の研究も奨励したが、これは東インド会社の外交官ブライアン・ホジソンによるネパールでの多量のサンスクリット写本（仏典）の発見と相まって、古代インド仏典研究の基盤形成を導く。そして、パリ大学の東洋学者ウジェーヌ・ビュルヌフ（一八〇一〜五二）がホジソンのもたらした写本の解読に着手し、それから画期的な大著『インド仏教史序説』（一八四四）を刊行するに及び、インド学の一部としての仏教学が確立した。

一方、十九世紀の前半には、パーリ語で書かれた仏典の研究も本格的に開始される。雅語ないしは文章語であるサンスクリット語に対し、パーリ語は俗語である。「サンスクリット」は「完成された」「洗練された」という意味を持ち、もっぱら知識人に用いられてきた言葉だが、パーリ語はもともと古代インドの方言の一種であった。しかし、パーリ語の仏典は初期の仏教の内容をよく伝えると想定されたことから、サンスクリット仏典と共に研究者のあいだで次第に重宝されるようになる。特に十九世紀の後半以降、法律家として英領セイロンへ渡りそこでパーリ語を学んだトーマス・ウィリアム・リス・デイヴィッズ（一八四三〜一九二二）が、その研究を精力的に推し進めた。パーリ仏典にほれ込み、仏教徒を自認した彼は、一八八一年、ロンドンにパーリ聖典協会を設立し、各地に保存されていた多数のパーリ仏典の写本を次々と翻刻し出版していった。

南条文雄と笠原研寿

かくして、十九世紀には英国をはじめとする西洋諸国で、インド学の一環としての仏教学の研究が著しく発展していた。サンスクリット語やパーリ語で書かれた古典の緻密な解読、ないしは批判的な文献研究としての仏教学——いわゆる近代仏教学——が、隆盛を極めていたのだ。それまで、仏教はあくまでもインド生まれのアジアの宗教であり、中国をはじめとする東アジアや、タイやミャンマーなどの東南アジア、チベットやネパールなどにおいて、もっぱら寺院を拠点とする僧侶たちによって継承される文化であった。それが十九世紀になり、従来は仏教についてほぼ無知であった西洋人が、仏教に関する最先端の学術研究を行うようになったのだ。

その研究者は主として古代インドを専門とする文献学者であり、彼らは自分たちが研究する文字に記された教えを高く評価する傾向が強かった。翻って、同時代のアジアに現在も伝わっている多種多様な仏教文化については、関心を示さない者も少なくなかった。僧侶による儀礼や法要、一般の仏教信者が昔から続けてきた雑多な習俗については、古代インドの聖人であるブッダの高邁な教えとは直接関係がないとして、否定的にとらえる場合もあった。西洋のインド学者たちの頭の中では、古代の文献から浮かび上がる真理の教えこそ、仏教（Buddhism）なのであった。

いずれにせよ、十九世紀の後半までには、西洋の大学や図書館が、仏教を学ぶ者にとっての新たな聖地と化していた。したがって、日本など伝統的に仏教が栄えてきた国から、英国、フランス、ドイツなどへ留学生が派遣されるのは、ある種の必然的な流れであった。一八七六年、西洋の仏教研究の手法を採り入れるのは急務と悟った真宗大谷派の有力者の命を受け、先述した南条文雄と、もう一人の同派の学僧である笠原研寿（一八五二〜八三）が英国へと赴いた。ロンドンにたどり着くも誰を頼ってよいかわからなかった彼らは、駐英公使を介してオックスフォードのマックス・ミュラーを紹介される。

マックス・ミュラーは、ドイツの著名な詩人ヴィルヘルム・ミュラー（シューベルトが歌曲にした「美しき水車小屋の娘」「冬の旅」の作者）の息子で、父親と同じく音楽や詩を愛するロマン主義的な人文学者であった。彼はライプチヒ大学で学位を取得後、ベルリン大学でインド・ヨーロッパ語族の研究で知られるフランツ・ボップに師事。その後、フランスに転じビュルヌフのもとで古代インドの宗教聖典『リグ・ヴェーダ』の校訂に取り組み、そして一八五〇年、オックスフォード大学で比較言語学（文献学）の教授となった。この教授就任に際し、彼は英国籍を取得している。

南条と笠原は、このマックス・ミュラーの指導下でサンスクリット語の学習に専心する。彼らは『無量寿経(むりょうじゅきょう)』や『阿弥陀経(あみだきょう)』といった、真宗僧侶にとって重要な仏典のサンスクリット語版を、西洋の師と共に精読したのだ。この際、もっぱら大乗(だいじょう)仏教の経典の研究や英訳に努めた南条とは異なり、笠原は西洋哲学にも多大な関心を示した。マックス・ミュラーが英訳したカントの『純粋理性批判』を読みふけったり、師からショーペンハウアーの哲学を講じてもらったりするなど、笠原は仏教に限らない最先端の学知を貪欲に吸収したのである。英語を修得した日本の学僧が、ドイツ出身の英国の教師のもとでサンスクリット仏典を読み解きながら西洋哲学に通じていくという、仏教の西洋化あるいは近代化を象徴するような場面が、このオックスフォードの一角で繰り広げられたわけである。

多様な学問を修得する

高楠は、この南条と笠原の留学経験を十年ほど遅れて反復することとなる。ただし、この二人の先輩と高楠のあいだには、明確に異なる点もあった。まず、南条らとは違い、高楠は伝統仏教の僧侶ではない。仏教の将来性を懸念する伝統教団によって英国へ派遣された南条と笠原は、自己の所属する宗派のためにも最新の学術を身に着けねばならないという、ある種の宗教的な使命感に駆られていた。それに対し、高楠もまた一人の仏教徒だったとはいえ、その行動原理はより学問的な興味関心に傾いていたものと思われる。

第二に、高楠は南条らと異なり、オックスフォード大学の正規のカリキュラムを履修している。マックス・ミュラーに直接師事した南条と笠原に対し、高楠は正式に大学に入りそこで各種の授業を受けつつ、並行して師のもとへも通ったのだ。高楠の留学当時、オックスフォードには正規の日本人学生はごくわずかしかおらず、駐英公使の河瀬真孝（かわせまさたか）から「何事も恥をかかぬよう注意せよ」と釘を刺されていた（「若き高楠先生のロンドンからの書簡」）。日本の恥になるな、ということだろう。

授業に関しては、数学や理科などは日本でした勉強の延長で何とかなったが、ギリシャ語やラテン語については、これまで一度も学んだことがなく、入学前からせっせと予習をし、入学後も力を振り絞った。そのかいあってか、高楠はラテン語については十分に読み書きができるようになる。ギリシャ語やラテン語といった古典語は、たとえ英国人であっても一生懸命に学ばないとマスターするのは難しい。その言語を日本人である自身が使いこなせるようになったのは、高楠にとって非常に爽快なことであった。

語学に励んだ結果、高楠の夢の中で使われる言葉も次第に変化していった。日本を出立してからオックスフォードに入学する頃まで、夢の舞台はすべて日本で、家族や友人がみな日本語で喋っている。それから三ヵ月ほどのあいだは、夢の舞台が西洋風になり、西洋人も出て来るが、聞こえる言葉は英語と日本語が混在した。次いで四ヵ月くらいは、登場人物の多くは英国人で、言葉は英語が中心だが、ラテン語やギリシャ語が用いられることもあった。その後、大学が夏休みのあいだは英語が多かったが、休みが終わり苦労して勉強している時の夢は、ラテン語が最も多く、ローマのカエサルが夢に出てきさえした。

大学在学中に高楠が取り組んだのは、もちろん語学だけではない。ほかに哲学、比較宗教学、国際法、近代史なども学んでいる。一八九二年には、その学業成績の優秀さが認められ、大学からスカラシップ（奨学金）を授けられた。オックスフォード大学からこの名誉を与えられたのは、日本人では高楠が最初である。

師であるマックス・ミュラーの書斎には、週に一度は必ず訪れて研鑽を積んだ。ただし最初の頃は、主として弟子のヴィンテルニッツからサンスクリット語やインド学を教わったようだ。その後、高楠はマックス・ミュラーの指導下で『観無量寿経』（漢文）の英語訳を完成させ、これは一八九四年、マックス・ミュラーの監修する『東方聖典叢書』（*Sacred Books of the East*）に収録されオックスフォード大学出版局から刊行された。

同年の八月、高楠は大学を四年間で卒業、Bachelor of Arts（文系の学士号）の称号を授かった。

ヨーロッパ各地を遊学

高楠はオックスフォード大学を卒業後、そのまま帰国せず英国に留まり、十ヵ月ほど後の一八九五年六月、ドイツへと身を転じた。なぜ卒業してすぐに帰国しなかったのかは定かではないが、この卒業後の英国滞在期間は日清戦争の時期とほぼ重なるため、何らかの関係があるのかもしれない。いずれにせよ、ドイツへ移った後、高楠はキール大学、ベルリン大学、ライプチヒ大学と、国内の大学をせわしなく転々としながら、さらに学問を深めていった。

キール大学にてドイセン（インド学者，1845～1919），カーチン（後のオーストラリア首相，1845～1945），フィック（言語学者，1833～1916）と共に（1895 年）

とりわけキール大学でヘルマン・オルデンベルク（一八五四～一九二〇）に師事し、パーリ語やヴェーダ文学を学んだことは大きかった。オルデンベルクは、パーリ仏典からブッダの生涯と教えを解き明かしたドイツ語の著書『仏陀（ぶつだ）』（一八八一）が研究者のみならず一般読者にもよく読まれており、各国語に翻訳されて西洋人の仏教観に多大な影響を及ぼしていた（日本では一九一〇年に三並良（みなみはじめ）の邦訳、一九二八年に高楠の弟子の木村泰賢らによる訳書が刊行されている）。仏伝に記載される神話的な記述を排斥し、歴史上に生きた一人の人間としてのブッダを描いたオルデンベルクの著書は、迷信じみた宗教に懐疑的な当時の知識層にも受け入れやすかったのだ。学究の徒である高楠もまた、ブッダという偉人を神話化することの美点もあるだろうと一定の留保をつけつつ、オルデンベルクの「神話説破壊」の研究におおむね賛同した（「仏教史研究の開祖としてのオルデンベルク氏」）。なお、仏教の源流をウパニシャッドに求めたオルデンベルクの書『ウパニシャットより仏教まで』（一九一五）を、高楠は一九三〇年に邦訳し刊行している。

ベルリン大学では、ドイツにおけるチベット学の開拓者ゲオルグ・フート（一八六七〜一九〇六）の下でチベット語やモンゴル語を学習した。これにより、インドや中国の仏教研究のためには、チベット宗教の研究も欠かせないと彼は思い至る。また、こうして多様な言語を修得していくなか、仏教を限られた言語のみで研究していては駄目である、という結論に至った。なぜなら、一国の言語しか学んでいない者はその「言語の奴隷」となり、当人の思想もその言語に縛られてしまうからである。サンスクリット語、パーリ語、漢語、少なくともこの三つの言語を理解せずには仏教の研究は十分ではない。それがドイツ留学中に高楠が得た見識であった。

一八九六年七月、ライプチヒ大学から哲学博士号の学位を受けた高楠は、続いてフランスへ移った。コレージュ・ド・フランスでは年齢の近いシルヴァン・レヴィ（一八六三〜一九三五）やエドゥアール・シャヴァンヌ（一八六五〜一九一八）と知り合い、研究交流を深めた。特にレヴィとはその後、生涯にわたる友人となる。レヴィは、当時の西洋のインド学者としては珍しく漢訳仏典を読みこなせたため、関心の重なる高楠とはすぐに意気投合した。また、レヴィが一八九七〜九八年にインド・ネパール調査へ赴き、そこで貴重なサンスクリット仏典を得たことは、その後、高楠がネパール行きを決心する際の大きな動機付けとなった。

短いフランス滞在を経て、高楠は九月に再び英国へ戻りオックスフォード大学に復帰、Master of Arts の学位を取得している。それから間もなく、今度はオランダ、ドイツ、イタリア、スイスなど、ヨーロッパ各地の大学を歴訪した後、ようやく日本への帰路についた。一八九七年一月、高楠は約七年ぶりに日本の土地を踏む。三十歳になっていた。

『南海寄帰内法伝』英訳を完成

帰国の少し前、高楠は義浄（ぎじょう）（六三五〜七一三）の『南海寄帰内法伝（なんかいききないほうでん）』の英訳を完成し、これをオックスフォード大学から刊行している。同書はある意味で、高楠の西洋留学の総決算となるような仕事であった。

『南海寄帰内法伝』は、唐の僧侶である義浄が七世紀の後半、インドや南海諸島を二十数年にわたり滞在した際、現地のナーランダ寺で観察した戒律（かいりつ）の実態を記録した著書である。ほかに記録が乏しい当時のインドにおける僧侶たちの暮らしぶりを詳しく知れる貴重な書物であり、インド学の最重要文献の一つである。

原著は漢文で書かれており、読解には仏教の戒律に関する専門的な知識を要する。そのため、当時の西洋人に同書を翻訳するのは困難であった。マックス・ミュラーがその英語訳を待望し、先述した弟子の笠原に取り組ませるも、笠原が若くして病没した結果、訳は全体の半分ほどで止まってしまう。また、レヴィのところへ留学した本願寺派の学僧、藤島了穏（ふじしまりょうおん）はそのフランス語訳に挑んだが、これも部分訳に終わった。

そうしたなか、高楠は笠原の訳業を引き継ぐかたちで同書の全訳を成し遂げ、さらに詳しい研究序文を付して公刊した。これだけでも、インド学の歴史に残る偉業である。この弟子の仕事に感嘆した師のマックス・ミュラーは、高楠に宛てて親愛な気持ちのこもった手紙を書いた。その書簡の全文が刊行された訳書にも転載されており、特に目を引く文末の部分を拙訳で引いておく。

翻訳の完成をお祝いします。あなたの訳は、私が長らく抱いていた願いを実現してくれました。私の亡き弟子である笠原君は、その訳を始めるも、終えることができませんでした。あなたの仕事は、彼の永遠の記念となるでしょう。この翻訳は、日本の学者にはどれほど優れた有益な仕事を期待できるのかを示してくれます。

私がかつて笠原君と南条文雄君に対してしてしたように、喜んで時間を割いてあなたの手助けをしていたのであれば、それはあなたがサンスクリット語やパーリ語を学びに来た我々の大学のためだけではありません。そうではなく、真に学問的な仏教の研究が日本でよみがえり、いつの日かあなたの国の人々が、古代インド宗教の偉大な改革者〔ブッダ〕に関するより知的かつ歴史的な捉え方をできるようになればと願ってのことでもあります。

ほかのすべての物事と同様、宗教は時おり改革を必要とします。もしブッダがこの時代に生きていたら、彼はおそらく、セイロンやビルマ、タイだけでなく、チベットや中国そして日本の仏教に忍び込んだ悪習を率先して改革する人になっていることでしょう。私が待望するような改革された仏教は、あなた方を他の宗教から引き離している隔たりを、大幅に削減してくれるはずです。また遠い未来には、キリスト教、仏教、イスラム教の信者たちのあいだに今まで蔓延してきた敵意と凶悪な憎しみ——これは人類にとって恥であり、地上に平和と人間への善意を説くためにやって来た人々に対する永続的な侮辱です——に替わって、これら世界の偉大な諸宗教のあいだに、相互理解と優しい気持ちをもたらす助けとなるでしょう。

高楠の訳業に触れたマックス・ミュラーの感激のほどが知れる文章である。日本から来た弟子の優れた翻訳に対する高い評価、笠原という早世した別の弟子の仕事が報われたことへの感謝、帰国する弟子に仏教の改革を推し進めて欲しいという期待、その改革によって日本人の宗教の捉え方が改善し、ひいては異なる宗教間の相互理解が世界的に広まっていくことへの微かな希望——。こうした師からの称賛と弟子の未来に託した切なる願いを真正面から受け止め、高楠は帰国後の活動に邁進していくこととなる。

「マックス・ミュラー文庫」と「日英文庫」

ちなみに、やや間接的にではあるが、高楠が師から託されたものがほかにも存在する。それはマックス・ミュラーの蔵書である。彼の死後、高楠の仲介でその一万冊に及ぶ貴重な蔵書が東京帝国大学の図書館に入り、「マックス・ミュラー文庫」として所蔵されるようになったのだ。

マックス・ミュラーは、自分が半世紀にわたり収集してきた宗教、神話、言語学などに関する膨大な著書や学術誌について、死後に分散してしまうことを望まず、図書館や研究機関に一括して買い取ってもらいたいと遺言していた。没後、その遺言に従うつもりでいた夫人のもとへ高楠は手紙を送り、自分が所属している大学のほうで引き取りたいと申し出る。同様の希望はドイツの大学からもあったが、夫人は、南条や高楠といった優秀かつ情義に厚い夫の愛弟子たちのことを思いながら、蔵書の日本への渡来を望んだ。そして、高楠の願いを受け、三菱財閥の岩崎久弥が蔵書の購入費を負担し大学に寄贈するというかたちで、一九〇二年、上記の文庫が出来上がった。

ただし惜しいことに、この文庫は一九二三年九月一日の関東大震災による火災で、図書館もろとも灰燼に帰している。

また、これに関連して「日英文庫」の成り立ちにも触れておきたい。日英文庫は、高楠と同じマックス・ミュラー門下であった親日家の英国人ゴルドン夫人の手引きで、日本に寄贈された十万冊もの洋書コレクションである。その発端は、高楠のアイデアにあった。ゴルドン夫人やマックス・ミュラー夫人と談話した際、高楠は、英国の家庭には多くの本があり総じて趣味が良いが、日本にある英国の書籍はそうではなく、日本人にも「真の英国趣味」を理解してほしいと語った。両夫人はこの高楠の意見に大いに賛同し、ゴルドン夫人が発起人となり知人と連名で新聞広告を出すなどして、日本に寄贈する本を英国の一般市民らに募った。一九〇五年十月のことである。すると、英国中から瞬く間に大量の書籍が集まり、なかには図書の購入費に充ててくれと金券を送ってくる者もあった。

かくして日本に寄贈された大量の書籍を、高楠はとりあえず自分が校長を務める東京外国語学校に運び、文部省に働きかけて専用の独立した図書館の建設を望んだ。しかし、日露戦争後の経費問題でこの望みは実現せず、書籍は東京市に寄託されることになる。その結果、十万冊に及ぶ英語図書が、一九〇八年一一月に開館された日比谷（ひびや）図書館の日英文庫（当時は一般に「英書図書館」「日英図書館」と呼ばれた）として収蔵された。日比谷図書館の開館当時の蔵書は約十二万五千冊であったから、その大半が、高楠とゴルドン夫人の交流が生んだ英国からの寄贈品であったということになる（『ゴルドン夫人と日英文庫』）。

ただし、こちらの文庫も一九四五年五月、戦火に遭い図書館と共に焼失してしまった。

マックス・ミュラーとの師弟関係を縁として高楠が託され日本にもたらされた財産のうち、物理的にかたちのあるものは、すべて滅びてしまったわけである。他方、彼が師から授かった願いや理想のような無形の遺産については、その後も生き続けていくことになる。

2　国策と調査

東京帝国大学教授に就任

帰国後の一八九七年六月、高楠は東京帝国大学文科大学の講師となる。この就職は、必ずしもスムーズに決まったものではなかったらしい。東大ではすでに一八八五年から南条文雄が梵語学（サンスクリット語学）の嘱託講師となっており（一八九一年に辞職）、一八九〇年には真宗大谷派の村上専精（一八五一〜一九二九）も招聘されてインド哲学を講じていた。とはいえ、専門が梵語学のようなやや浮世離れしたところのある学問では、就職は容易ではなかったようである。帰国後の高楠に対し、「どういった動機でこのような不利な学問を始めたのか」と真面目に問いただす者もいたという。

それでも東大講師に就任した高楠は、大学でサンスクリット語を講じつつ、少し前に東京へ移転していた反省雑誌社にも出入りし、雑誌に論文を寄稿するなどしていた。この頃の大学講師としての収入は乏しいもので、生活の余裕もあまりなかった。

一八九八年一月、第二次伊藤内閣が成立すると、三月二日、高楠は東大講師のまま、逓信省（郵便や通信を管轄する省庁）大臣、末松謙澄（一八五五〜一九二〇）の秘書官として採用された。伊藤博文の娘婿である末松は、ケンブリッジ大学に留学中、同時期に英国にいた南条と親交を深めており、末松が有能な人材を探していたので、南条が高楠を紹介したという経緯である。高楠は豊富な西洋経験を有し、語学力も抜群だったとはいえ、この人事は当時の世間では多分に奇妙なものとして受け止められた。「梵語学者と逓信秘書官……余りに其対照が奇抜過ぎる。なった人も非凡だが、ならした人も変り者ぢゃねいか、と世人を一驚せしめた」という証言がある（『学界文壇時代之新人』）。

いずれにせよ、この頃の大臣秘書官は就任と同時に高等官五等・従六位の位階を与えられ、官尊民卑の風潮もあり高楠の社会的な地位は飛躍的に高まった。この頃、彼は神田小川町の住まいから、大学と役所のあいだを自転車で行き来していた。当時の自転車は、身分のある人の乗り物、つまりはステータスシンボルである。この秘書官の職は、わずか四ヵ月で辞することになった。ただし、末松との親しい交わりは、その後も末松が逝去するまで続いた。

翌一八九九年の十月、高楠は東京帝国大学の教授となり、博言学（一九〇〇年に言語学と改称）を担当することとなった。こうして学内に確固たる地位を得た背景には、先んじて同学の博言学教授となっていた上田万年の後ろ盾があった。上田は、高楠を梵語学だけの人と低く見積もる同僚の声を抑え、高楠の昇進を強く推したのである。

一九〇〇年四月十一日、高楠は文学博士を授与され、さらに十一月には、上田の後任として東京外国語学校の校長を兼務することとなった（一九〇八年七月まで）。また、翌年の四月、東大に新しく梵語講座が開設され、高楠はその初代担当教授に就任する。彼はそれから二十六年間、この安定したポジションを基盤にして、自らの研究や若い世代の教育に尽力することになる。

ハノイの万国東洋学会に参加

一九〇二年の冬、フランス領ハノイ（現在のベトナム北部）で万国東洋学会が約一週間にわたって開催された。学会からの招聘を受けた高楠は、南条や東大の同僚の言語学者フローレンツ（一八六五～一九三九）、医学者のベルツ（一八四九～一九一三）らと共にハノイへと赴き、もっぱらフランスから参加した多くの東洋学者たちと現地で交流した。

学会で、彼はインド哲学の論書『金七十論（きんしちじゅうろん）』や、鑑真（がんじん）の伝記『唐大和上東征伝（とうだいわじょうとうせいでん）』などについてフランス語で発表した。また、サンスクリット語と漢語を対照させた仏教辞典の作成について話し合う委員会にも参加している。この辞典については、フランス政府がフランス語訳のために多額の補助金を支給する手はずとなっていた。この話を聞いた高楠は、日本政府や各宗派の本山が同様の資金援助をすることがなければ、日本の東洋学は他国に大幅に後れを取ることになりはしないかと懸念している（「万国東洋学会に就（つい）て」）。

日露戦争と黄禍論対策

一九〇四年二月六日、日露戦争が開始される（宣戦布告は二月十日）。その開戦の日、高橋は末松謙澄の随行員として、倫理学者の友枝高彦（ともえだたかひこ）と共に渡航し英国へと向かった。彼らは内閣から「御用有之、英独仏三国へ差遣」との辞令を受けており、主にロンドンで日本への支援を募るための活動に努めるよう指示されていた。日清戦争の時と同様、高橋は日本による対外戦争を外国から見守る立場に身を置くことになったのだ。ただし、今回は政府の指令を受けて、戦争を有利に導くための公務に従事するという立場である。高橋はもはや一介の留学生ではなかった。

末松らは、日英同盟の維持や、ヨーロッパにおける日本に好意的な世論の形成のため、各種の工作活動に従事した。この際、彼らが特に気をもんだのが、いわゆる「黄禍論（こうかろん）」である。

黄禍論は、日本人や中国人などの「黄色人種」が次第に勢力を拡大し、「白人国」である欧米諸国にとって脅威となるのではないかという、人種主義的な偏見にもとづく議論である。日清戦争での日本の躍進などを契機として、一八九〇年代のドイツやフランスなどで盛り上がり、やがて欧米諸国に広く浸透していった。代表的な論者として、ドイツ皇帝ヴィルヘルム二世がいる。彼が自らの図案をもとに宮廷画家ヘルマン・クナックフースに描かせ、ロシア皇帝ニコライ二世へ贈った絵は、黄禍論を象徴する作品として有名である。東方の空から龍に乗って迫りくるブッダが、白人を表す武装した女神たちと対峙するという趣向の絵画だ。女神たちの頭上では、キリスト教のシンボルである十字架

黄禍論対策のためロンドンへ向かう（1904 年）

ヴィルヘルム２世による黄禍絵

が光を放っている。

日本と対戦することになったロシアは、この黄禍論が想定する図式を強調しようとした。日露戦争を、黄色いアジア人と西洋の白人のあいだの人種戦争、あるいは、異教徒の国とキリスト教国のあいだの宗教戦争といったイメージで表象することで、ヨーロッパ全土に親ロシア的な風潮を醸成しようとしたのである。これに対し、日本の側は当然のごとく、戦略的に不利に働く黄禍論の打ち消しに奮闘した。そうした民族や宗教のイメージをめぐる闘争の最前線で活躍したのが、末松や高楠らであった。

後述する通り、高楠はこの対外政策に関与してから約二十年の月日を経た後、黄禍論のパロディのような絵を用い、この論の誤りを改めて批判することになる。高楠にとって黄禍論との闘いは、彼の後半生に至るまで尾を引くような重大な出来事であったのだ。

なお、高楠は戦時中に英国だけでなくフランスでも活動している。その際には、留学時代の親友レヴィが何かと便宜を図ってくれた。

戦争の終了後、一九〇六年二月一〇日に日本へ帰国した高楠は、四月一日、日露戦争時の功績により勲（くん）五等瑞宝章（ずいほうしょう）を受けている。

インド調査の旅

一九一二年二月、高楠はギリシャのアテネで開催された万国東洋学会、およびアテネ大学の創立祝典に参加した。その帰路、彼はインドとネパールに立ち寄り、仏跡調査と現地での経典収集を行った。これは政府（文部省）からの指令にもとづく調査であった。

九月三十日、ボンベイ（現ムンバイ）に入港した高楠は、汽車でベナレス（現ワーラーナシー）に直行し、十月七日、モルガサライ駅に到着する。駅では、インドでサンスクリット語研究に従事していた河口慧海（かわぐちえかい）が出迎えてくれた。以後、高楠は慧海の宿舎である中央ヒンドゥー学院の教師館で世話になり、仏跡巡りにもたびたび同行してもらっている。

八日からの一週間、高楠は鹿野苑（ろくやおん）（ブッダが悟ってから最初に説法をした聖地）などを調査した。その後、十五日にベナレスを去り、ガンジス河以南の仏跡を探査。十八日にブッダガヤ（ブッダが悟りを開いた聖地）を参拝し、仏像や碑文の撮影調査に取り組んだ。二十一日には慧海と連れだってムチャリンダ池（ブッダを守護した龍王が出現したとされる池）を探索し、苦行林（ブッダが修行した場所）などを発見する。二十三日には人を雇って鶏足山（けいそくざん）（仏弟子の大迦葉（だいかしょう）が入定（にゅうじょう）したとされる山）を探査したが、虎や豹（ひょう）が多かったため、間もなくブッダガヤへ戻った。二十七日にはビハールを訪れ、発掘されたばかりの仏像を見たり、玄奘（げんじょう）らが学んだナーランダ僧院の遺跡を見学したりした。十一月六日にベナレスに帰ると、翌日から約二週間かけて、慧海がネパールで収集したサンスクリット仏典の目録を一緒に作成する作業に没頭した。

二十二日の夕刻、高楠と慧海らはガンジス川以北の仏跡調査の旅へ出発する。クシナガラ（ブッダが涅槃した聖地）などを巡拝した後、十二月五日にインドの国境を越えてネパール領内へ入った。七日、タウリハワーの県庁舎に命じられて出頭したところ、旅券を持っていなかったため、二日間そこに勾留されてしまう。ただし勾留といっても、県庁舎の前に大きな天幕を貼りそこで丁寧に待遇してもらうというものであった。なぜこのように厚遇されたかというと、タウリハワーの県知事が高楠の名前を知っていたからである。かつてネパールから日本へ留学した若者が、東京外国語学校で校長の高楠の世話になっており、県知事はその校長の名が「タカクス」であったことを思い出したのだ。

勾留を解かれた高楠らは、ルンビニ（ブッダ誕生の聖地）を訪れた後、インドへ戻り十五日に舎衛城（多くの仏典に登場するコーサラ国の首都）と祇園精舎（ブッダが拠点とした代表的な僧院）の跡地を探査した。ベナレスに帰ると、ドイツ時代の恩師であるオルデンベルクも同地にやって来ていた。そこで、この年の暮れは互いの宿舎を往来し、旧交を温めた。

こうしたインドでの調査旅行中、高楠らは貧乏な村では農家の牛小屋を借りて宿とした。牛を引き出し、牛糞を避け、毛布を敷いて寝る。牛小屋さえもない時は、樹の下で寝ることもあった。虎が出てくれれば食われてしまうので、防御策として夜通し火を灯した。

また、移動には象を使うこともあった。象は道を選ばず、野でも森でも田畑でも大股に歩いて行く。

ゆらりゆらりと稲や草を食べながら歩くが、乗っている人間側から見ると飛ぶように早かった（「猛虎遭難実記（下）」）。

ネパールでの仏典収集

一九一三年一月一日、高楠はネパールへの入国を正式に許可された。ほかに従者として、慧海と、慧海と同じくサンスクリット語学習のためにベナレスにいた真言宗僧侶の長谷部隆諦（はせべりゅうてい）も随行することが認められた。そこにインド人の従僕を加えた四名で、ネパールでの本格的な調査が開始される。日本人が許可を得て公然とネパールを旅したのは、これが初めてのことであった（非公式の入国は一八九九年の慧海が最初）。

調査隊は一月十八日にベナレスを出発、鉄道を乗り継ぎ、翌日、ビールガンジからネパールへ入った。二十四日、首都カトマンズに到着、チベット仏教の拠点であるボダナートの寺院のゲストルームに泊まった。寺院の住職は慧海の友人で、ここは慧海の定宿であった。それから二月十六日までの約三週間、高楠は総理大臣チャンドラ・シャムシェル・ラナとの会談、国立図書館の訪問、遺跡や石窟（せっくつ）などの調査、そして仏典の収集を精力的に行った。

二月二十二日、調査隊はベナレスに帰着。その後も一ヵ月以上にわたりインド国内での移動を繰り返し、ブバネーシュワルの古跡や、アジャンターやエローラの石窟などを見て回った。四月七日午後五時、高楠はボンベイの港から神洋丸に乗船、五月六日、神戸に帰着した。

調査旅行の大きな成果

この約半年間に及ぶインド・ネパールでの調査旅行において、高楠にとって最も重要な局面となったのは、ネパールでの仏典収集であっただろう。先述した通り、ネパールで仏典を集めたいという高楠の願望は、親友のレヴィに触発された部分が大きかった。レヴィは一八九八年のネパール滞在中、瑜伽行派の開祖とされる弥勒の『大乗荘厳経論』のサンスクリット原典を発見するという、研究史上の画期的な成果を上げている。その後、彼は日本を訪れ、高楠にこの発見を含めたネパールの仏典事情を詳しく聞かせた。友人であり良きライバルでもあるレヴィの手柄を耳にして、高楠は悔しがったに違いない。まだ見ぬ仏典への憧れの感情もかき立てられたはずである。ネパール行きは、何としても実現させたい彼の念願であった。

その念願が叶いネパールを訪問した際に高楠が収集したサンスクリット仏典は、一五〇部ほどの数に達した。またそれ以外にも、この調査中にインドやネパールの仏跡から多数の資料を入手できた。仏像などの美術品、仏教碑文の拓本、仏典に登場する植物の標本、織物類、曼荼羅、等々である。

これらの資料は、おおむね東京帝国大学梵文学研究室の付属陳列室に常設展示されることとなった。しかし、やはりというべきか、関東大震災によってその大部分が失われてしまう。ただし、最も大事な仏典写本については、幸いにも一部を除き被災を免れた。地震が起きた直後、数人の学生が研究室に駆け付け、風呂敷に包んであった仏典を火災から救出したのだ。学生たちはドアを破って部屋へ押し入り、炎と闘いながら写本類を窓外に放り出したという。

高楠は日頃から学生たちに対し、これらの仏典を遠くネパールで入手してくるのがどれほど難事業であったのか、しつこいくらいに何度も語って聞かせていた。そのしつこさは半ばからかいの対象になるほどであったが、その結果、学生たちは仏典を率先して避難させようと懸命に動いたのである。重要な事柄については必ず繰り返し述べておくべき、ということだろうか。いずれにせよ、高楠はこの救出劇を知り「実に仏天の加護」と深く感謝した。

「物質的文明」と「精神的文明」

南アジアでの旅は、単に仏典などの資料収集に終始するものではなく、より精神的な面でも高楠の得るところは少なくなかった。

まず、インドへ向かう直前にギリシャの古跡を見学していたこともあり、この一続きの体験は、高楠に古代文明の偉大さを改めて痛感させた。一方にはヨーロッパ文明の源泉となったギリシャ、他方には東洋文明の根本となったインドがあり、この両者はまた、ガンダーラにおいて結びつき仏像などの新たな美術を創造した。ギリシャとインドでは、どこを掘っても古代の遺跡や遺物が出てくる。古跡発掘の技術や学術的な研究は日進月歩で、千古の至宝が次々と地中から姿を現している。

他方で、この二つの文明のルーツを訪ねながら、両者には対照的な特徴があるという気づきも得た。彼は次のように述べている。

欧州の文明は生存競争の必要から起こった発達である。すなわち吾人の生存競争を中心として各種の発展を来したのである。インドはこれに反して生存競争の不必要を認めて初めてその文明の発展を得たのである。人生の苦難がもし生存競争にもとづくものであるなら、人生の真意義よりは生存競争は不必要であるかもしれない。古代インド人はこの方面に向かって進んだのである（「入竺中の所感」）。

西洋文明は、人間の生存を第一とするため、自分たちの力によって自然界を支配するためのシステムを発達させた。それに対し、インド文明は自然と共存し、あるいは自然界と同化することを最たる目的とする。人間が他の種と競争せず、むしろ共生する方法を模索するのがインドの文明なのである。高楠によれば、それゆえ西洋文明は「物質的文明」であり、インド文明は「精神的文明」だと位置づけられる。インドでは、大いなる自然の一部としての人間について考えるための、世界に比類のない哲学や宗教が生み出されてきた。ブッダの人格を通して表現された仏教は、そうしたインド文明を代表する精神的な創造物である。

この高度な精神性の基盤であるインドという国は、学問上とても重要なのはもちろんのこと、個々人の心を磨く上でも著しい効果が期待できる。現地でその効果に気づいた高楠は、仏教徒であれば一度は必ずインドへ赴き、そこにある数々の仏跡を参拝すべきとの結論に至った。日本国内において、法然（ほうねん）や親鸞（しんらん）の旧跡を巡拝することも、確かに個人の精神修養となりうる。しかし、これらの宗祖たちは日本人にとって非常に身近なだけに、ややスケールが小さい感じもする。それに対して、日本から遠く離れた場所にある、圧倒的に雄大なインドの遺跡を訪ねることは、東洋の信仰の根本に触れることにつながるだろう――。

かくして、高楠はただ単に仏典の解読を通してブッダの教えを学ぶだけでなく、それが誕生したインドの環境や風土の記憶を身に付けながら、仏教について考え論じる構えを形成した。このように南アジアの大地で磨き上げられた高楠の心身や知性は、それから再びヨーロッパの大地を踏むことで、さらなる変化を遂げていく。

3 大戦後の世界

ドイツの惨状を目撃

一九一九年七月、高楠は東京帝国大学法科大学長の小野塚喜平次（おのづかきへいじ）（一八七一～一九四四）と共にフランスへと旅立つ。十月にパリで開催される万国学士院（がくしいん）連合会（L'Union Académique Internationale)

の創立会議に出席するため、日本の帝国学士院から派遣されたのだ。万国学士院連合会は、欧米諸国のアカデミーが連合して、各国の学界相互の連携を図り学術の発展を目指す組織である。一八八九年に成立したが、第一次世界大戦のために解消され、戦後、敗戦国のドイツなどを除き再結成された。高楠は一九一二年二月から帝国学士院の会員となっており、ヨーロッパの東洋学者たちとのあいだに幅広い人脈も築いていたことから、この国際的な学術組織の新たな立ち上げの場に参与する日本代表の一人として選ばれたのである。

会議への参加を含めパリで一ヵ月半の時を過ごした後、高楠はドイツと英国にそれぞれ一ヵ月ほど滞在し、またオランダやベルギーなどを訪問した。この際、彼は未曽有の戦争を経験したヨーロッパの各国が、思想上の不安をきたし、労働問題が盛んに起こっている状態を目撃する。特に、今まで社会の中堅とされてきた中産階級の不安は大きいようで、生活の基盤が崩れる予兆を感じながら、誰もが戦々恐々としているようであった。

高楠の見るところ、このうち最も強い不安に襲われているのは、ドイツの人々だ。軍国主義によって建設され拡張した帝国ゆえに、いったん国が敗れれば、国民の誰もが激しく動揺するのは必然の成り行きであった。多少の財産を所有していたとしても、いつそれを奪われるかわからず、その上、物資の欠乏状態は悲惨の極みである。かつてのウンター・デン・リンデン（ベルリンの大通り）には立派な軍人や富裕層が往来していたが、この時は上着とズボンの揃わない衣服を着た男たちがたくさん歩いていた。燃料は極度に欠乏し、十時過ぎになっても電灯を用いている民家には警察官が警告を与える。パンは普通の黒パンに草の根を混ぜて作ったものが代用され、バターも代用品のマーガリン。砂糖も全然足りないので、コーヒーや紅茶にはサッカリン（人工甘味料）を一粒入れるだけであった。

こうした状況ゆえに、子供たちの二人に一人は栄養不足に陥っていた。小児科の病院には、栄養不足で骨が折れて立てなくなった病人が多い。現地で会った大学教授にも、栄養不良に陥っている者がなかなか多く見受けられた。栄養が足りない人々は、以前のように長時間は働くことができず、仕事上のミスも増える。新聞では、New rich（成金）という言葉をもじって、New poor（成貧）という語を用いる記事が散見された。為替相場は低落し、外国から物資を輸入することもままならない（「ドイツの惨状」）。

人格教育の再評価

かくしてドイツの窮状を実見した高楠は、次のように考えた。明白な危機にあるドイツが、隣国のロシアで隆盛する共産主義に感染するのは自然な流れなのではないか。実際、ロシアからは過激な思想が流入しており、ドイツはうっすらとではあるが赤色に染まりつつあるように感じられた。

こうした戦後の混乱状況は、教育を改善することなしには乗り越えられないだろう。そう確信した高楠の念頭にも、共産主義革命の起こったロシアがあった。ロシアの民衆が過激な思想に服従してしまったのは、国民のあいだに十分な教育が行き渡っていないからではないかと。したがって、今後は階層を問わず全国民に等しく教育を受けさせる必要があり、加えて、学校では確かな倫理を教えていかなければならない。

この点に関連して、高楠はドイツと英国の教育の違いについても考え直している。すなわち、ドイツでは生徒を画一的に訓練する「学芸教育」に重きが置かれ、どの個人にも各種の学芸を一定の水準まで教え込むことを目指す。それに対し、英国では自由な教育が尊重され、生徒が自由に学んでいくうちに、個々の才能が自然に開花するよう仕向ける。この対照的な二つの教育方法のうち、大戦後の世界で改めて高く評価されているのは、英国流の自由な「人格教育」のほうである。戦前までは、どちらかといえばドイツ流の学芸教育が世界に広まっており、日本はその最たる例であった。しかし、直近の戦争の帰結は、人格教育こそなすべき教育の根本であることを私たちに教えたのではないか、と。

さらに、戦争がヨーロッパ全土にもたらした惨状と混乱、あるいは不安について考察した結果、高楠は次のような教訓を得た。

> 物質的勢力と云う方面にのみ重きを置いて、之を本位として行ったならば、教育も学術も外交も商業も経済も総て無意義なものになってしまうと云うことである。若し之に宇宙間を支配する精神的勢力を根本としてやって行ったならば、教育も学術も経済も外交も活きて来れば来る

のである。故に精神的勢力を認めないで物質的勢力にのみ依ろうとするやり方は、今後の社会には存在することができない（「西遊所感」）。

いわば「物質的勢力」の衝突と消耗である戦争が生じた後には、国や社会が機能不全に陥りやすい。物質的なものにのみ意識が傾き過ぎると、「精神的勢力」が停滞し、国や社会を支える個々人の内面が空洞化するからだ。戦後のヨーロッパ、とりわけ敗戦国であるドイツの実情を知った高楠は、物質に傾斜し精神を疎かにした国や社会の暗い現実を目の当たりにして、精神的なものの価値を再認識した。そして、日本のみならず世界の国々に「精神的勢力」を還流させるための、新たな事業への挑戦を彼は決意する。

西洋のキリスト教から東洋の仏教へ

その取り組みの一つとして高楠は、国際的に読まれる英語雑誌を通した、仏教に関する情報発信を試みた。

一九二五年、高楠の普通教校の時代からの盟友である桜井義肇（さくらいぎちょう）（一八六八〜一九二六）が、英語仏教雑誌 *The Young East* を創刊する。創刊後、同誌には日本や欧米の多彩な学者や識者らが仏教に関する様々な論考を寄せていくが、高楠はその最大の寄稿者となった。

この雑誌は、本書の前章で言及した先駆的な英語仏教雑誌 *Bijou of Asia* の後継誌として誕生した。

明治生まれの*Bijou of Asia*と同じく、*The Young East*もまた、主に西洋社会を念頭に置きつつ、日本の仏教者らが国際的な情報発信をするための媒体であった。とはいえ、この二つの雑誌が刊行された時代の状況、とりわけ国際社会における日本の立ち位置は、著しく異なるものであった。

すなわち、西洋列強から押し付けられた不平等条約の解消のため急速な近代化を進めていた頃の日本と、今やアジア諸国で唯一の国際連盟の常任理事国として、世界の命運を決定する強国の一つとなった日本、この決定的な相違が、両誌の掲載記事の論調にも透けて見える。明治の先行雑誌には、日本仏教の再興のために西洋とのネットワークを構築しようとする仏教者たちの必死さを読み取れる。それに対して、第一次世界大戦後に創刊された新たな雑誌の方は、混迷する西洋社会に対して、アジアの代表である日本の仏教者が精神的な助言を与えようとするかのような余裕を感じられるのだ。

*The Young East*において高楠は、日本仏教の現状を丁寧に紹介したり、インドと日本の仏教を介したつながりを解説したりするほか、仏教がいかに現代世界を導く宗教として優れているのかを多面的に論じ、これからの西洋諸国は仏教を積極的に受容すべきだと述べている。"Europe Ripe For Buddhism"（「仏教を容れる機が熟したヨーロッパ」）と題した、一九二七年一月の論説を例に見てみよう。

いわく、彼は二十代の留学時代から始まりヨーロッパを訪れるたび、日曜日には必ず教会に通い、そこで何が行われているのかを批判的に観察し続けてきた。以前は、どの教会に行っても堂内は信徒で満杯で、教会に対する彼らの畏敬の念も際立っていた。ところが、先の大戦後に英国を訪れたところ、教会に人はまばらで、かつての十分の一ぐらいしか信徒がいないことに驚いた。このキリスト教の衰退について、当時英国に滞在していた知人の新渡戸稲造(にとべいなぞう)と意見を交わしたところ、以下の三つの結論が導き出された。すなわち、(1)キリスト教は科学に反しており、(2)若い世代の精神的な渇きを満たせておらず、(3)かつては教会が実施してきた社会福祉事業を、非宗教的な組織が担うようになってきた。

こうした理由によって、ヨーロッパの一般的な考え方は徐々に無神論へと傾いている。高楠はそう指摘した上で、次のように主張する。

多くのヨーロッパ人が神の存在を否認し始めているというのは、否定できない事実である。ということは、そうした人々は現在、仏教を理解しその真価を認めるようになっている、というわけだ。無神論はキリスト教の終わりであり、そして仏教の始まりなのだから。

次章で論じる通り、高楠は仏教を「無神主義」の宗教と理解していた。絶対的な神を信仰するキリスト教とは異なり、神を仰がない人間中心の宗教が仏教だという考えである。そのような神を想定しない仏教こそ、科学が発展し普及する現代の世界にはふさわしい。したがって、英国をはじめとする西洋諸国の人々も、キリスト教から仏教へと速やかに乗り換えるべきである。これが上記の引用文の裏にある高楠の信念であった。

もちろん、高楠は以前から仏教こそが最も素晴らしい宗教だと信じ続けており、それを世界に広めたいという願いも、彼が二十代の学生の頃から胸に抱いていた夢である。だが、その夢は大戦後の世界情勢の変化を受けて、日本の若者によるただの夢想ではなく、一定の現実味を帯びた展望のように感じられるようになった。

何より、戦争によって大量の人間が死に精神的な打撃を被ったヨーロッパにおいて、東洋思想への注目がこれまで以上に高まったことが、夢の実現を願う高楠の気持ちを奮い立たせた。ヨーロッパから帰国して数年後に書いた文章で、彼は次のように述べている。

大戦後の欧州と云うものは、翕然（きゅうぜん）として東洋に憧れて居る。欧州文化は或る方面に於（お）いては行き詰った。これを打開して前途に光明あらしむるには東洋思想を吸収するの外はないと云う気分が至る所に顕われて居る（中略）日本の大乗仏教は世界視線の集中点となって居る。この際最も適当な方法で海の彼方に材料を提供すると云うことは、非常に効果のあることである（『人文の基調としての仏教』）。

東洋の思想とりわけ日本の大乗仏教が、今や西洋人の憧れの的となっている。大戦後の世界における東洋と西洋の関係を、高楠はそのように認識していた。

この新たな認識を確かにするため、彼は自分の教え子が描いた一つの興味深い絵画を持ち出してくる。絵のタイトルは、「佛陀之慈光照三千界（その後の黄禍論）」。先に触れたヴィルヘルム二世の発案

佛陀之慈光照三千界（その後の黄禍論）

による黄禍論をモチーフにした絵のパロディ版だ。原画では白人を表す女神たちが武装して東洋の象徴であるブッダと対峙していたが、この新たに作成された絵では、武装解除した女神たちが光り輝くブッダのほうへと導かれていくかのようだ。原画にあった女神たちの頭上の十字架は消え去った。西洋のキリスト教から東洋の仏教へ、ということだろう。

かくして今後の西洋人が仏教を学んでいくためには、上記の引用文の通り、その内容をよく知るための「材料」を、海を越えた異国の地へと送り届ける必要がある。高楠はそう考えていた。そして、その種の「材料」を圧倒的な質量で制作する史上空前の大事業は、彼の指導下で着実に進められつつあった。大正新脩大蔵経（たいしょうしんしゅうだいぞうきょう）の編纂と出版がそれである。

第三章　学術としての仏教

『大正新脩大蔵経』

1　大正新脩大蔵経

日本出版史と仏教

日本における印刷や出版の歴史は、仏教を抜きにしてはおよそ考えられない。知られる通り、日本で最も古い印刷物は、百万塔陀羅尼という小型の仏塔に収められた陀羅尼経、つまりは仏教の経典である。奈良時代の七六四年から七七〇年までに制作された。これは日本最古であるだけでなく、世界最古の印刷物でもある。称徳天皇が戦乱で亡くなった人々の供養と鎮護国家の祈りのために仏塔と経文の制作を発願し、法隆寺をはじめとする当時の代表的な寺院に奉納された。

中世の日本では、寺院こそが印刷事業の最大の主体であった。奈良の興福寺や東大寺、紀州の高野山、京都と鎌倉の五山などを拠点として、仏典を中心に数多くの書物が出版されていたのだ。近世に入ると、商業出版社としての本屋が台頭し、印刷事業の主体としての寺院の役割は後景に退く。それでも、本屋で刊行される出版物のうち仏教関係書の占める割合は、近世を通して相当に高かった。

近代以降、日本の印刷文化を語る上での仏教の重要性は、徐々に相対化されていく。仏教を抜きにしても、近現代の出版の歴史は語りうるかもしれない。しかしながら、印刷技術が発展し出版される書籍や雑誌の多様化が急速に進んだ二十世紀の前半に、仏教に関わる著しく大部の印刷物が刊行され、国内外で高く評価された事実については、決して語り損ねてはならないだろう。

大正新脩大蔵経という、その日本出版史上の偉業については。

大蔵経とは何か

大蔵経とは、過去から伝わる仏教の経典のいわば「全集」のことである。一切経ともいう。仏教はもちろんインドに始まり、ブッダの教えや思想を文字に刻んだ経典の形成も、インドが起源である。だが、それらの経典の数々を取捨選択しつつもできる限り網羅的に取りまとめようとする「全集」的な発想は、インドでは持たれず、中国で生まれた。

インドからシルクロードなどを経て中国へ伝わった、主にサンスクリット語で伝承された仏典は、二世紀の後半以降、漢文に翻訳され始める。その後、宋代の十二世紀初頭に至るまでの長期にわたり、翻訳活動が継続された。かくして中国国内で続々と漢訳される仏典は、次第に膨大な量に上り、これらを改めて編纂する動きも、南北朝時代の六世紀ごろには出てくる。すなわち、大蔵経の発生である。

その中国における大蔵経のプロジェクトは、基本的に歴代王朝の皇帝が差配する国家事業として実施されるものであった。六世紀末に全国統一を成し遂げた隋を端緒として、時代ごとに異なる権力者が主体となり異なる内容の大蔵経が制作されている。十世紀後半の宋の太祖（趙匡胤）の時代には、木版印刷を用いた大蔵経の刊行が開始された。また、朝鮮でも中国の大蔵経にならい、時の政権が主導するかたちで、十三世紀に高麗版大蔵経が完成した。このように、大蔵経は東アジアにおける国家の威信をかけた大事業であった。

日本でも八世紀には、中国からもたらされた経典の、国家規模の書写事業（写経）が始まっている。また鎌倉時代以降、版本の大蔵経が中国や朝鮮から移入され、そして近世には日本独自の大蔵経の編纂と出版が開始された。このうち最初に完成したのは、天台宗の天海が幕府の支援のもとに進めたものであり、一六三七年から四八年までに六千三百余巻の大蔵経（天海版）が刊行された。一方、この天海版よりも広く普及した大蔵経に、黄檗宗の鉄眼が一六六九年から八一年までに制作した鉄眼版（ないし黄檗版）がある。こちらは、特定の権力者からの支援を受けず、日本全国から集まった寄付を基盤としていた。

明治期に入ると、金属活字を用いた大蔵経の刊行が始まる。その最初の試みが、一八八一年から八五年に出版された「大日本校訂大蔵経」である。この出版事業は、明治初期の廃仏毀釈を受け存亡の危機を感じていた当時の仏教界を盛り上げるための活動でもあった。その後も大正期に至るまで、複数の大蔵経の出版が続く。

こうした状況を見据えた上で、西洋発のインド学の研究成果をふまえた大蔵経の決定版を作成するという、空前絶後のプロジェクトに着手したのが、高楠順次郎であった。

京都妙心寺にて（1923年）

夏休みの寺院調査

一九一三年からの約十年間、高楠は啓明会（学術助成団体）の支援を受けつつ、寺院での資料調査に尽力した。毎年の夏休み（時には春と冬の休みも）をほぼ丸ごと費やし、高野山・東寺・仁和寺・青蓮院・三井寺などの古刹に所蔵された経典類を調査したのである。この地道な作業は、後の大蔵経刊行の布石となる。

寺院調査の際、高楠には常に数名の助手が同行した。その多くは高楠の指導下にある若い研究者や学僧たちで、彼らは高楠と一緒に寺院の宿坊に滞在しながら調査に勤しんだ。毎朝五時に起床し、六時には寺院の書庫へ入る。それから昼食のために休憩する時間を除いて、午後の六時までひたすら調査に従事した。しかも高楠は夕食の後、十一時過ぎまで別の著作の校正や執筆作業に没頭したという。こうした営みが毎年の夏、約五十日間にわたり繰り返された。

寺院調査も終盤に差し掛かっていたある日のこと、石山寺（いしやまでら）で調査中の高楠のもとを、駐日英国大使のチャールズ・エリオット（一八六二～一九三一）が訪れた。インド学者でもあったエリオットは日本の仏教に大きな関心を抱いており、たびたび高楠の調査を見学しに来ていたのだ。

この時、高楠は天平時代の経典についてエリオットと話し合った。高楠が、この時代の経典については写本（手書きの複製）が残っており中国の宋代以降の版本（印刷物）よりも優れていると指摘したところ、エリオットは、両者を比較した経典の出版を行ったことがあるかと質問し、これに「ない」と答えた高楠は、「それは直ぐにやらねばならぬ」とエリオットに迫られた。西洋であれば、「バイブル」に関係した古い文献が見つかれば早急に研究するはずなのに、日本人はなぜ、現にたくさん存在する経典の写しを、きちんと比較検討した上で出版しないのか、と。エリオットは翌日もやって来て、同様の会話が繰り返された。高楠はこの時、新たな大蔵経の出版を決心する。

ちょうど同じ頃、駐日ドイツ大使のヴィルヘルム・ゾルフ（一八六二～一九三六）が高楠に対し、西洋と日本が交流する際には仏教に依拠すべきだと主張していた。ゾルフもまたインド学の研究者であり、一時はサンスクリット語の教授になろうとしていた人物である。そういった事情があったので、高楠はゾルフに大蔵経の話題をふってみた。すると彼から、是非とも学術的な価値の高い大蔵経の制作に取り組むべきであり、それに最も適任なのは君だと言われたという（「東洋文化史に於ける仏教の地位」)。

かくして西洋から来た同世代の二人の外交官かつインド学者に焚き付けられた高楠は、ドイツ留学経験のある親しい仲間の一人、渡辺海旭（一八七二〜一九三三）を補佐に迎え、大蔵経の出版計画を本格的に開始した。

刊行をめぐる各種の困難

一九二三年四月八日、高楠と渡辺の連名で、大正新脩大蔵経の刊行趣意書が発表される。その大意は次の通りだ。

偉大な釈尊の教えを最もよく保持するのは、わが国に伝わる数多くの経典にほかならない。その八千巻を超える一億以上の文字は、宇宙の真実を説き尽くし、人生の帰着すべきところを示している。これらは人類の智と徳の源泉であり、世界の宝庫である。この宝庫を広く世間に公開すれば、現代の思想的な混乱は収まり、平和は増進され福祉も倍増するだろう。

しかしながら、これらの宝の山は、惜しむべきことに、今や立派な寺院の建物のなかに秘蔵され、その真価は久しく埋没してしまっている。翻って、明治以降に刊行された大蔵経は入手が困難であり、たとえ入手できたとしても編纂の方針が古いため使いにくい。校訂にも改善の余地が少なからずある。現代の学界の切実な要求に照らして、満足の行くものでは決してない。これこそ、我々がここに新たな大蔵経を企画せざるを得なかった理由である。

こうした企画意図の表明に続けて、趣意書では大正新脩大蔵経の「五大特色」の説明がなされている。すなわち、第一に「厳密博渉の校訂」。近年の中央アジアでの発掘調査により発見された貴重な典籍から、国内の寺院に秘蔵の写本まで、幅広い資料を参照するということだ。第二に「周到清新の編纂」。最新の学術的な知見にもとづく厳密な編纂を心がけるということである。第三に「梵漢対校」。サンスクリット語、パーリ語、漢文で書かれた原本の徹底的な比較である。第四が「内容索引の作成」で、第五が「携帯の利便」。これらは説明不要だろう。

一九二四年五月、以上の特色を有する未曽有の大蔵経の刊行が、実際に開始される。第一巻は「阿含部（上巻）」。以後、四六倍判（現在のB5判に近い）の三段組、毎巻一千ページに及ぶ分厚い書物が、約八年間、ほぼ毎月のように出版された（全八十五巻。その後、「図像部」などを追加して全百巻となる）。まさに驚異的と評すべき質量の仕事だが、完結に至るまでには幾多の深刻な困難に見舞われた。

まず、第一巻の刊行準備中に、関東大震災が起こった。この際、発行所となる出版社が炎に包まれ、大蔵経の型紙も焼失してしまう。すでに八百人ほどを数えていた購入申込者のなかにも被災者がおり、資金は逼迫し、計画の中止が検討された。しかし、幸いにも高楠の知人の西脇済三郎（富豪の西脇国三郎の長男、西脇銀行の社長）が資金の立替えを申し出てくれたおかげで、何とか第一巻の刊行が可能になった。それから、安田財閥の安田善次郎からも資金援助があり、出版は軌道に乗り始める。

とはいえ、その後も財政的な危機は繰り返された。高楠の片腕として大蔵経の編集主任を務めた小野玄妙（一八八三〜一九三九）による証言は、この出版事業の資金面での苦労の実情を鮮明に物語る。

毎月の経費の不足、それも五百円や七百円の少額ならば兎も角、印刷所の支払がすめば、紙屋の支払が足らぬ。やれ人件費がどう、臨時費がこうというようなわけで少なくて二三千円、多い時は四千五千という不足である。それを何とか都合して行かなくてはならぬ先生の苦しみは、実にハタから見て居れぬ。そして月の二十三四日頃になると、「君今月はイクラ足らないだろうか」といって一言聞かれる、何という悲痛な言葉であろう。学人としての先生に金銭の苦労、それも毎月々々の事とて、此の間の先生の負債は嵩むばかりであった（「大正新修から昭和続修へ」）。

一つの目安だが、大蔵経の刊行が開始された頃（一九二五年）の大卒初任給の平均は五十円ほどであった。この数値に照らしてみれば、高楠は毎月かなり巨額の資金不足に悩まされていたことがわかる。企業経営者ならともかく、学者としては極めて異様な状況に置かれていたといえよう。

高楠が抱えた「負債」については、大蔵経の刊行に協力した人々のあいだで、彼の死後に至るまでの語り草となっている（『大正新脩大蔵経会員通信合本』）。彼は先に触れた安田のほか、岩崎や三井などの財閥に加え、外務省そして規模の大きな複数の寺院から資金援助や融資を受けていた。それでも資金が足らず、彼は高利貸からも借金をすることとなる。結果、取り立てに来る高利貸に責められる日々が続く時期もあった。個人的な財産も差し押さえられ、時には礼服のズボンや上着が持って行かれて、招待された宮中での行事に出席ができなくなることすらあった。

もちろん、苦難は資金面だけでない。大蔵経の決定版を制作するために必要とされる作業は、高楠の指揮下で働く者たちにとって、いわば過重な肉体労働となった。なにしろ、一巻あたり二百万近い漢字を含む書籍を、ほぼ毎月にわたって作成する仕事である。その校正作業に携わる人間の中には、眼を傷めるものが続出した。

膨大な数の活字を揃えるのも一苦労であった。この点については、再び小野の証言を引いておこう。

> 始めて第一巻を上梓（じょうし）した時の如（ごと）きは、文字の鋳造（ちゅうぞう）が間に合わぬので、殆（ほとん）ど下駄（げた）ばかりで版を作ったのであった。下駄というのは他ではない、文字の無い時に活字の尻を逆に突込んで置くのを云うのである。それを後から正しい文字を埋めてゆくのであるが、その校正並に差換えの面倒といったら、思い出してもぞっとする位である。その時分は、夜業五時間で、職工が汗みどろになって十時半まで仕事をして、私どもも同じように印刷所に出張して校正をやり、毎夜十二時近くに家に帰って就寝したのである。

活版（かっぱん）印刷の技術に馴染みのない読者のために少し補足しておく。活版印刷では、複数の活字を並べて組み込んだ組版を用意し、これに塗料を塗って紙に印刷する。この際、まだすべての活字が揃わない状態で印刷を始める場合には、ひとまず別の活字を裏返して組み込み、スペースを埋めることがあった。すると、活字の背の部分が紙の上に「〓」のように印刷される。その形状はあたかも下駄の足跡のように見えるので、「下駄」と称された。

様々な経文を印字する大蔵経の出版には珍しい文字が大量に使用されるため、当然のごとく、それまで使われることのなかった（またはごく少なかった）活字の鋳造がたびたび必要となった。ゆえに、先んじての印刷時に「下駄」で間に合わせた文字の、後からの差し替えやチェックが、おびただしい量の作業となって小野たちに降りかかったというわけである。

こうした活字の作成や校正作業はもちろんのこと、経典の対校（書写の系統が異なる文献を比べ合わせて校合すること）から書籍の発送に至るまで、大蔵経の刊行に関わるすべての作業工程を監督していたのが、高楠であった。また、彼はこの出版事業に必要な事務の系統を自ら整え、さらに自邸の一隅に所要の建物を付設してもいる。

この大事業に参与した従業者は、あわせて二百四十名に及んだ。高楠の薫陶を受けた東京帝国大学の卒業生を中核として、各宗門大学の出身者や、宗派の碩学（せきがく）らが参加している。これは高楠のリーダーシップと人望の厚さがなければ、間違いなく不可能な取り組みであったといってよい。

国内外での高い評価

第一巻の刊行から完結まで、大正新脩大蔵経は欧米各地をはじめ、中国、インドその他の大学や図書館などへ日本から贈呈された。その業績は世界的に高く評価され、一九二九年五月にはフランス学士院からスタニスラス・ジュリアン賞を授与されている。東洋学の優れた業績を称えるための賞である。

さらに一九三三年一月には、日本文化への貢献により朝日賞を受賞。受賞に際し高楠は「これは自分個人で受けるべきでなく、この大業に参加したもの全体の成果として受けるべきだ」と述べた。大蔵経の企画当初から彼を補佐してきた渡辺海旭は、この時には瀕死の重病で床に就いていた。授賞式の終了後の夜、高楠はすぐに渡辺のもとへ駆けつけ、受け取った賞牌を取り出して喜びと栄誉を分かち合った。その知らせを受けて安心したのだろうか、翌日の午前中、渡辺は静かに息を引き取った。

先述の通り、大正新脩大蔵経は日本出版史上に類を見ない偉業と評せる。と同時に、世界の宗教あるいは学術の歴史のなかでも間違いなく特大の出来事であった。千年以上の時間をかけて東アジアで蓄積されてきた無数の漢訳経典が、近代の西洋に生まれた学知を取り込みながら、全百巻の書物という物理的形態をとる一種の巨大なデータベースとして編成されたのである。その成果に対し国内外での受賞が相次いだのは、当然の結果であった。

これも先述の通り、大蔵経の編纂と出版は、もともと東アジアにおける国家の威信をかけたプロジェクトである。大正新脩大蔵経については、国家権力の後ろ盾は付いておらず、そのため資金繰りにも非常な苦労があった。とはいえ、その事業は日本の文化や学術の底力を世界に発信することに成功しており、結果的に、日本への評価や信望を高めることにつながった。その意味では、この二十世紀前半の日本おける大蔵経の挑戦もまた、国家の威信をめぐる闘いの一種であったと見なせよう。

もちろん、大蔵経は本来、単に国家の名誉のためではなく、人々の仏教に対する篤い信仰があるからこそ成立するものだ。この重要な事実を正しく指摘したのが、高楠と親交のあったジャーナリストの徳富蘇峰である。大正新脩大蔵経の完成に際して記した祝賀の言葉において、次のように述べている。

> 一体斯くの如き事業は、単に金計りで出来るのでなく、又学問のみで出来るのでもない。実に人によってできるものであり、その人の力は信仰の力によって初めて出来得るものなのである。即ち大蔵経がかくの如く立派に出来たということは、それだけでもとりも直さず仏教というものが、今日なお活ける力を有ってゐることを明らかに世間に証明したものであって、日本の仏教は既に滅びてしまってゐるかのように考へてゐる一部の人々の憶想を完全に裏切ったわけであるのだ（「大蔵経完成を慶讃して」）。

徳富が的確に指摘する通り、史上最高峰となる大蔵経の出版は、日本における仏教の存在意義を国内の人々に周知させることにもつながったのだ。

ただし、その大蔵経に提示されていた「仏教」は、実のところ、日本の伝統的な仏教とは少なからず異質のものであった。大正新脩大蔵経は、従来の大蔵経とは異なる方針のもとに多種多様な経典を整理することで、それまでの日本人の仏教観を塗り替える、新たな仏教のとらえ方を示したのである。

すなわち、高楠らは「阿含部」をはじめとする初期仏教の典籍を、この新しい大蔵経の冒頭に配置した。これは、大乗（だいじょう）仏教の経典（『法華経（ほけきょう）』や『阿弥陀経（あみだきょう）』など）を重んじる既存の大蔵経の編纂方針とは、決定的に異なる選択であった。古代インドにおいてブッダが説き始めた仏教、その発生の初期の状況を伝える経典を第一に置き、その上で、昔から日本を含む東アジアで重視されてきた大乗経典を扱ったわけである。

これは、高楠が西洋で修得してきたインド学としての仏教研究の思想が直に反映された、斬新な大蔵経の設計であった。ブッダが没してからしばらくの後、長い歴史のなかで創作され東アジアに伝播（でんぱ）してきた数々の大乗経典、それらはもちろん貴重である。だが、より重要なのは、ブッダの生涯や言葉そのもの、つまりは「最古の仏教」である。これが西洋人を中心とする当時のインド学者たちの基本的な認識であった。

そして、この西洋において再発見された、古代インドに実在した尊い聖者としてのブッダ、あるいは釈尊という人間を中心とした仏教こそ、高楠が当時の日本社会に広めたいと強く願っていた、「新しい仏教」にほかならなかった。

2　釈尊への回帰

日本におけるブッダ

仏教はインドの釈尊が唱え始めた。したがって、仏教について学びたければ、まずは釈尊について知ることが肝心である。こうした考え方は自明なようでいて、実はそうではない。少なくとも日本でそのような考え方が広く通じるようになったのは、せいぜい二十世紀の半ばぐらいの頃からである。

むろん、日本には六世紀の仏教伝来の当初から、仏教の開祖であるブッダを尊重する風習が存在した。法隆寺の釈迦三尊像や東大寺の釈迦誕生仏をはじめとする様々な仏像や、平安時代から日本でも制作されるようになった仏涅槃図などを通して、ブッダのイメージは国内で着実に共有されてきた。また、絵因果経や釈迦八相図のように、ブッダの生涯の重要な場面について時系列をふまえながら描いた絵画も、各地の寺院で作成され伝承されてきた。

だが、前近代の日本の仏教徒のあいだで、釈尊こそ仏教を語る上で最も大事な存在だと考えていた人は、それほど多くはなかった。むしろ、大日如来や阿弥陀如来、観音や地蔵といった釈尊とは異なる仏菩薩や、空海、法然、親鸞、日蓮らに代表される日本生まれの宗派の祖師たちのほうが、一般的な仏教徒にとっては、釈尊よりも重んじるべき存在であり続けてきた。日本人が暮らしのなかで接してきた仏教、それは基本的に釈尊の生涯や言葉ではなく、多種多様な仏菩薩に対する信心や、日本固有の宗祖たちの教えであった。

近世の時代には、一部でブッダへの注目が改めて高まり、状況が少し変わってくる。十八世紀の初期に近松門左衛門が執筆した浄瑠璃『釈迦如来誕生会』や、葛飾北斎の挿絵で知られる山田意斎の『釈迦如来一代記図絵』（一八四五）など、仏伝に依拠しながらも著者の創意工夫を凝らしたエンターテイメント性の豊かなブッダの物語が、人気を博した。一方で、真言宗僧侶の慈雲（一七一八～一八〇五）が、釈尊の説いた仏法の再生を求めて梵語の研究を精力的に進め、また神道家の平田篤胤（一七七六～一八四三）が、これはむしろ仏教批判を目的としたものだが、ブッダの生涯を実証的に明らかにしようと試みた。すなわち、近世には他の仏菩薩や宗祖たちではなく、ブッダを通して仏教を考えようとする風潮が盛り上がりつつあったのだ。

とはいえ、釈尊こそを仏教の主人公にする動きが本格化するのは、明らかに近代以降のことである。そして、その背景には間違いなく、西洋由来のインド学の影響があった。

インド学と近代日本

本書の前章で述べた通り、インド学としての仏教学は、フランスのビュルヌフによる『インド仏教史序説』（一八四四）の刊行を歴史的な画期とする。そのビュルヌフにとって仏教とは、日本を含めた同時代のアジアに生きている宗教や文化ではなく、釈尊という古代インドに存在した賢者の生涯と思想のことにほかならなかった。

釈尊の没後、空想好きなインドの人々がブッダに関する神話的な物語を創作し、さらには、釈尊とは異なる各種の神秘的な仏菩薩が広く信仰されるようにもなった。しかし、仏教とは詰まるところ、歴史のなかに生きた一人の人間としての釈尊が唱えた教えと、彼の素晴らしい人間性に体現される叡智である。その叡智の真相を、非理性的な信仰心ではなく、科学的な手続きを通して解明すること――これがビュルヌフを筆頭とする西洋のインド学者たちの基本的な目標であった。パーリ語経典の詳細な研究から脱神話化された釈尊の生涯を描き出したドイツのオルデンベルクの著書『仏陀』（一八八一）は、その十九世紀後半における代表的な成果の一つである。

こうしたインド学の発想が、明治以降の日本にも徐々に浸透していく。たとえば、本願寺派僧侶の藤井宣正は一八九四年に『仏教小史』を刊行し、インド学の研究を参照しながら、インドの歴史のなかに釈尊の履歴と教説を位置づけた。また、東京帝国大学教授の哲学者である井上哲次郎（一八五六～一九四四）が、一九〇二年、インド学をふまえた釈尊に関する伝記としては本邦初となる『釈迦牟尼伝』を上梓している。この著作で井上は、「仏教を論ぜんには、先づ釈迦を知らざるべからず」と主張しつつ、「世界的偉人」としての釈尊の生涯を論述した。なお、同書の出版にあたり井上は、大学の同僚である高楠から数々の助言を受け、サンスクリット語の校正を手伝ってもらっている。この井上の伝記に続き、やはり東大教授の宗教学者である姉崎正治（あねざきまさはる）（一八七三〜一九四九）も、『現身仏（げんしんぶつ）と法身仏（ほっしんぶつ）』（一九〇四）や『根本仏教』（一九一〇）などの著書で、釈尊を中心に仏教の思想や歴史を論じた。姉崎は、ドイツ留学時代にインド学者のパウル・ドイセンに師事している。

英国の詩人エドウィン・アーノルド（一八三二〜一九〇四）の著書『アジアの光』（*The Light of Asia*）にも触れておこう。東洋学者でもあったアーノルドが、敬愛する釈尊の生涯を詩にして物語った作品である。『アジアの光』は、一八七九年にロンドンで刊行されると欧米で瞬く間にベストセラーとなり、インド学の専門家以外にもブッダの魅力を伝えることに貢献した。同書は一八九〇年以降、日本でも複数回にわたって翻訳が刊行されており、日本人の意識を釈尊に向かわせる上で一定の役割を果たしたと思われる。

ただし、こうしたインド学を推進力とする釈尊に対する認知の高まりは、明治大正期にはまだ広範な層には及んでいなかった。それが昭和初期の一九三〇年代以降、状況が明らかに変わってくる。特に一九三四年には「釈尊ブーム」とでも評すべき現象が生じており、高楠はそのブームの渦中の一人であった。

一九三四年の「仏教復興」

一九三四年は、しばしば「仏教復興」の年として語られてきた。仏教の勢いが急に増してきたかのような印象を与える出来事が、この年に次々と起こったからである。そして、その昭和初期における仏教の勢力拡大は、同時に、日本社会におけるインド学の普及を背景とした「釈尊ブーム」としても展開されていた。

「仏教復興」の最も際立った事例は、仏教学者の友松円諦（一八九五〜一九七三）による『法句経』の講義が、ラジオで放送され大反響を呼んだことである。『法句経』は、釈尊の教えを短い詩句のかたちでまとめた経典だ。友松は一九三四年三月一日からの二週間、この経典から一日に一編ずつの詩を取り上げて、仏教に関する約三十分の講話を続けた。人間関係や自己との向き合い方など、身近な話題に言及しながら釈尊の教えを平易に解説したその講義は、多くのラジオ聴者を感激させ、友松のもとには何百通ものファンレターが届いたという。放送原稿は加筆の上、同年に『法句経講義』と題して第一書房から出版される。同書も大きな評判を呼び、ベストセラーとなった。

友松は、一九二七年にドイツのハイデルベルク大学、二九年から三一年までフランスのソルボンヌ大学に留学し、高楠の盟友であるレヴィら西洋のインド学者たちからの指導を受けている。その学識をもとに、彼は自らの手でパーリ語から訳した『法句経』を講義で活用したのである。そうした彼の留学経験を活かしたラジオ講義や出版の成功によって、釈尊の教えは日本の大衆にも受容されていった。

七月には、第二回汎太平洋仏教青年大会が、東京と京都を中心に開催された。これは、ハワイ、北米、中国、インド、セイロン（スリランカ）、ビルマ（ミャンマー）、タイなど、世界各地から仏教徒が集結して、仏教の現代社会における役割や、世界平和について議論する集会であった。一九三〇年にハワイのホノルルで行われた第一回会議を受け、第二回が日本で開かれる運びとなっていた。海外からは正式代表として六百六十六名が来日し、日本側のメンバーを加えて一千名を超える人間が参加したという（「第二回汎太平洋仏教青年大会紀要」）。仏教行事としては史上に前例のない国際性の著しさゆえ、メディアで注目されることの多いイベントであった。

この大会を主催した全日本仏教青年会連盟は、高楠を初代理事長に据えて一九三一年に結成された組織である。実際に行われた大会自体には、高楠は顧問として参与するも、それほど積極的に関わった形跡はない（大会参加のためアメリカから来た日系二世の仏教徒への講話などは行っている）。ただし、記念事業部長を務めた鷹谷俊之（一八九一～一九七〇）など、実働部隊には高楠の弟子や仲間の仏教学者たちが名を連ねている。また、この大会は高楠らの提唱する「仏誕二千五百年」の記念行事（後述）の一環としても行われた。

十一月には、作家の武者小路実篤による小説『釈迦』が大日本雄弁会講談社（講談社の前身）から刊行され、これもベストセラーとなる。武者小路は同書で「完成した人間」としての釈迦を描くことに挑戦し、結果、神話的な要素を排した一人の人間としての釈尊の物語が、とても易しい文体で書き上げられた。この本の執筆の際に武者小路が参照したのは、オルデンベルク『仏陀』の訳書（訳者の一人は高楠の弟子の木村泰賢）や、山辺習学の『仏弟子伝』（一九一三）などの書籍である。山辺は真宗大谷派の学僧で、スリランカや英国への留学経験のあるパーリ語の専門家であった。

十二月には、一日から八日まで、仏誕二千五百年記念学会が開催された。これはインド学としての仏教研究を遂行する日本の学者たちによる、史上空前の祝祭的なイベントであった。この行事の成功を誰よりも願っていたのが高楠であり、そこには「仏誕二千五百年」を世間に知らしめることに対する、彼の強固な意志があった。

ブッダはいつ誕生したか？

高楠は、八十歳まで生きた釈尊の入滅（死去）の年を、『衆聖点記』という書物を根拠として紀元前四八六年であると推定していた。『衆聖点記』は、釈尊の没後から毎年、雨安居（雨期における出家者たちの修行）の期間が終わるごとに点を一つ記した書物であり、そこに記されている点の数をもとに釈尊の生没年を割り出したのだ。この推定にそって、彼は「仏誕二千五百年」の祝典に向けた準備をする意志を、すでに大正期末から表明していた。「今大正十五年は仏降誕二千四百九十二年に相当す、却後八年は仏生二千五百年の記念祝祭に相当するを以て、予はこの八年間に於て仏教芸術化の目的を達成せんことを望んで止まざるなり」と述べている通りだ（「仏伝考」）。

しかし、釈尊の生没年というのは現在に至るまで諸説が分かれるテーマであり、誰もが納得のいくかたちで釈尊のメモリアルイヤーを祝うことも、実はそれほど簡単ではない。こうした問題については、仏教学者の増谷文雄（一九〇二〜八七）による一九三二年十一月の読売新聞での連載「仏誕二千五百年　近づくこの記念日を周りて」が、手際よく解説している。

すなわち、いま仮に釈尊の誕生年を教えてほしいという質問を受けたとしても、「即座に註釈なしに全仏教徒の奉持するものとしての釈尊降誕の年代を答えるということは出来ないような状態におかれている」。その根本的な理由は大きく分けて二つあり、一つは「印度は「歴史を有たぬ国」であって、年代の確定が極めて困難であるということ」にある。インドという国では「極端なる精神性への執着」が見られ、古代には「事実と年代とに関する記録は殆ど存在しなかった」のだ。インド人は、詩歌や瞑想については多くの文献を残してきた。それに対して、歴史に関しては参照可能な資料に乏しい、というわけである。

釈尊の誕生年を回答し難いもう一つの理由、それはその「研究調査」における「適正なる態度」が確立してこなかったことにある。これは、学者の怠慢というわけではない。そうではなく、釈尊のような宗教的な畏敬の対象を研究する際には、しばしば学問だけでは割り切れない問題が生じて来るのだ。増谷は次のように論じる。

教祖の年代というがごとき問題は決して単なる学的興味の問題ではない。この問題の真の対象はむしろ一般の信仰大衆であって、彼等の信仰的同意を得るということが絶対的に必要である。し

> かるに学的研究はまた次の学的研究によって破られるものであるというのが現在における一般の通念であって、今日すでに仏誕乃至仏滅年代に関し相当の研究が存するとはいえ、しかも学的研究に関するこの一般的通念を粉砕してよく信仰大衆の同意を獲得しうるというほどの根拠ある学的研究は存しないように思う。

学者がいくら調査研究に勤しみ釈尊の生没年を明らかにしたとしても、大勢の仏教徒がそれに同意しなければ、不十分である。にもかかわらず、これまでの研究では多くの信仰者を説得できる学説が提示されてこなかったのだ。

しかしながら、最近では「高楠博士等が提唱して居る」「「衆聖点記」による紀年は、既に現代の仏教学者の大部分の賛成」を得ていると増谷は述べ、これは「この問題の解決に漸く光明を見いだした」のではないかと指摘する。おそらく、高楠もまたこの増谷と同様の期待のもと、一九三四年にやって来る「仏誕二千五百年」の準備に臨んでいたものと思われる。

だが、そうした仏教学者たちの期待は裏切られる結果となった。

一九三三年九月、翌年の祭典を前に胸を高鳴らせていた高楠に、冷や水を浴びせるような出来事が起きる。日蓮宗や真宗、臨済宗などの伝統仏教の各宗派が、高楠らの「仏誕二千五百年」説に反対する声明を次々と提出したのだ。

このうち最も早く反対声明を出した日蓮宗は、宗祖の日蓮が五十歳の時に書いた文章に「仏滅後二千二百二十余年」とあるので、一九三四年は釈尊の誕生からすでに二千七百年ほどたっていると主張した。真宗も主要な十派がこぞって反対したが、その理由は日蓮宗の場合とほぼ同様である。宗祖の親鸞の著書『教行信証』の記述に従えば、一九三四年は仏誕二千五百年ではなく二千八百年に相当するというわけだ。

ここで興味深いのは、伝統宗派に属する人々が、高楠ら学者の見解に全面的に反対していたわけではない、という事実である。立正大学の教授で、日蓮宗の僧侶であると同時に仏教学者でもあった木村日紀（一八八二～一九六五）が、同年九月二十三日付の読売新聞のインタビューに応えて次のように述べている。

> 寧ろ学問上からはこの二千五百年説の方が確実に近いであろう（中略）故に学者としての立場からは吾々も高楠博士らの説に近いことを認める。／但し信仰と学問は違う。（中略）学問上では二千五百年説に近いことを承認するとしても、宗門の立場からは朝に夕に宗祖のご本尊を拝する吾々として、この宗祖の御説を曲げてまで今日の学説に従うわけにはゆか〔な〕いのである
> （「仏誕説に異義あり　日蓮宗は何故反対か」）

たとえ最先端の学問としては正しかったとしても、伝統的な信仰にもとづけば「仏誕二千五百年」説は受け入れられない――。この学問と信仰の相克を前にして、高楠の活動は一定の歯止めをかけられる。

仏誕二千五百年記念学会

高楠は一九三四年の四月八日（釈尊の誕生日）に、仏教界を挙げた「仏誕二千五百年」の祝典を大々的に開催する予定であった。しかし、この企画は上述の通りの事情により頓挫する。当日は、名古屋市公会堂において小規模の会を催すにとどまった。

しかし、高楠は諦めなかった。伝統宗派の人々が「信仰」を理由に協力を控えるのであれば、「学問」の立場からの祝祭というかたちで仕切り直せばよい。そう考えた彼は、同月二十二日、学術としての仏教という方向性で共闘できる井上哲次郎に相談を持ち掛け、年内に別の大きな記念行事を開くための段取りを整え始めた。これは最終的に、井上を会長とする「仏誕二千五百年記念学会」として、十二月に実施される運びとなった。

この学会の準備を進めながら、高楠は各種の関連行事にも積極的に参与している。五月十二日、兵庫県の県立第一高等女学校講堂で開催された仏誕奉賛記念大講演会において、彼は「仏誕二千五百年」と題した講演を行った。この日は雨天であり客足が遠のくかと予想されたが、実際には二千席の会場が満員で立錐の余地もなかったという。

六月には「仏誕二千五百年記念　仏教各宗大本山巡拝団」が企画され、高楠は協賛後援者として名を連ねた。これは六月三十日から翌月九日までの十日間、東京から出発して鎌倉の五山、滋賀の比叡山、京都の東西本願寺、奈良の法隆寺、和歌山の高野山、福井の永平寺、山梨の身延山など各宗派の本山を、鉄道を利用しながら巡礼しつつ、合間に当時の代表的な仏教学者たちの講演会が催されるという趣旨のイベントであった。高楠も六月三十日、巡礼参加中の七十名に対し講話を行っている。

十一月十一日には、釈尊降誕愛知県奉賛会による記念大講演会が開催される。高楠は再び名古屋市公会堂へ赴き、二千名の聴衆に向けて「仏誕二千五百年の意義」を説いた。当日は講演後、釈尊を主役とする演劇も披露された。

十二月一日、ついに仏誕二千五百年記念学会が東京の仏教青年会館で開始される。初日は会長の井上哲次郎を皮切りに、正木直彦、白鳥庫吉、宇野円空、矢吹慶輝といった、当時の代表的な仏教学者や歴史学者らが講演した。翌二日には約四十名の若手研究者たちが、各自の清新な研究発表を行っている。三日には九段の軍人会館にて高楠、椎尾弁匡、三上参次、姉崎正治、小野清一郎といった錚々たるメンバーが講演。そして最終日の八日には、帝国ホテルにおいて記念祝典が開かれた。

祝典には賀陽宮恒憲王（昭和天皇后の従兄）が臨席し、文部大臣の松田源治、衆議院議長の秋田清、ドイツ大使のディクセン、ベルギー大使のパッソンピェール、タイ公使のラクサらが出席。法隆寺管主の佐伯定胤を導師として灌仏（釈尊誕生祝い）の法要が営まれた後、総理大臣の岡田啓介や外務大臣の広田弘毅らの祝辞が代読された。また、シルヴァン・レヴィやリス・デイヴィッズ夫人をはじめとする計八名の欧米の仏教研究功労者に対し、会長の井上から記念賞のメダルが贈呈されている。当日、会場には約四百名が参集。祝典の司会を務めた高楠は感無量であっただろう。

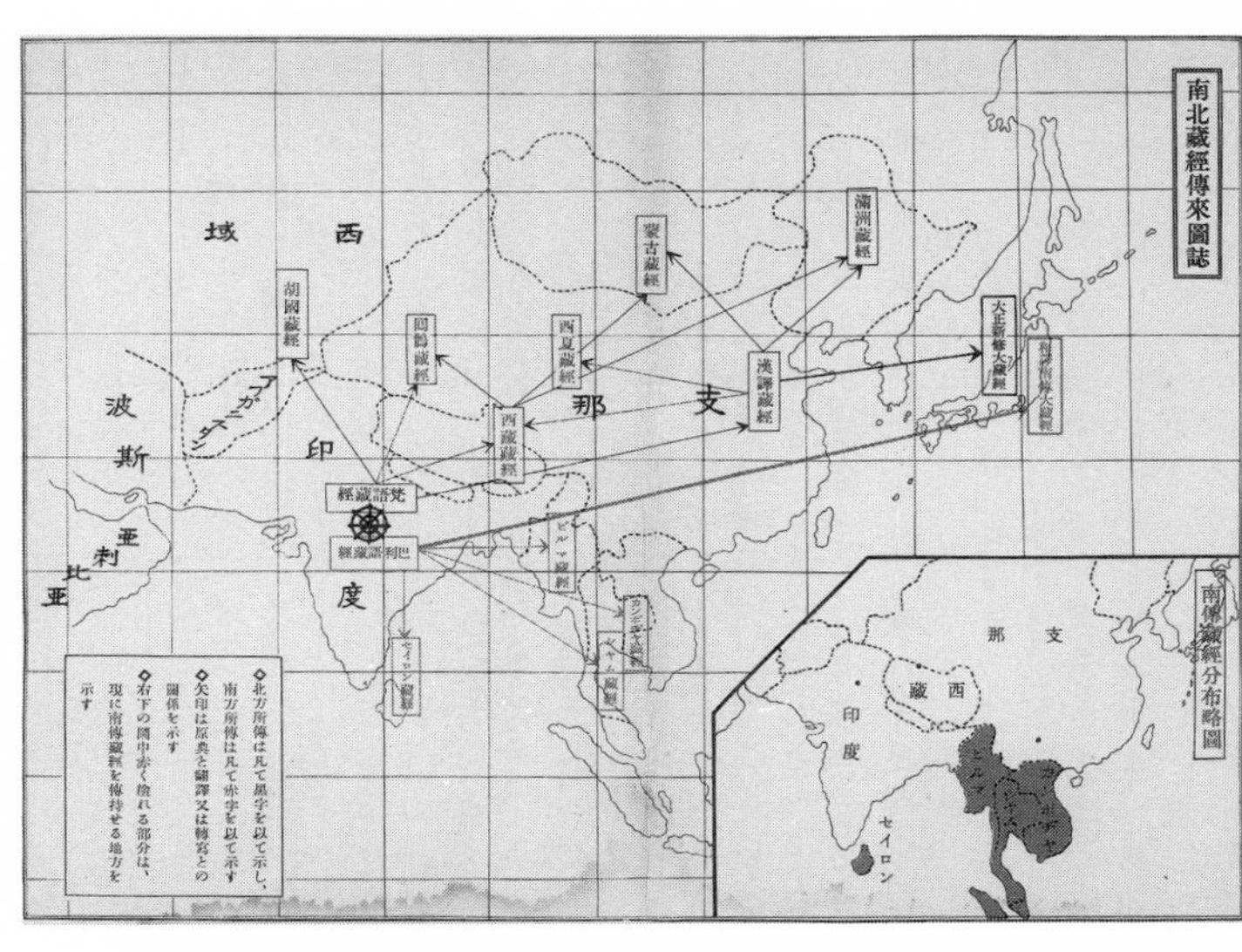

南北蔵経典伝来図誌（『ピタカ』第3年5号付録，1935年）

このようにして、高楠ら仏教学者たちを主体とする「仏誕二千五百年」の年は終わった。

南伝大蔵経と「人間の仏教」

祝典開催のために奔走した日々が一段落し、また大正新脩大蔵経全百巻の完成から間もなく、高楠は再び新しい事業に乗り出す。「南伝大蔵経」がそれである。

南伝大蔵経は、スリランカ、ミャンマー、タイ、カンボジアなどに伝わるパーリ語の仏典を、現代日本語で全訳し出版するというプロジェクトだ。従来、日本で一般に信奉されてきた仏教は、インドから中国経由で伝来した、いわゆる「北伝仏教」である。それに対し、インドからスリランカなどを経由し東南アジアに広まった「南伝仏教」を、高楠は日本にも普及させようと試みたのである。先行する大正新脩大蔵経は、もっぱら「北伝仏教」の経典を編纂したものであった。したがって、それに続く南伝大蔵経の編纂と出版によって、彼はインドからアジア各地へ伝播した仏教の二大系統の、いうなれば学術的な総括に挑戦したのである。

一九三五年四月、「高楠博士功績記念会」の編訳により、南伝大蔵経の刊行が開始される。それから一九四一年二月までの約六年間、全六十五巻（七十冊）という、これまたかなり大部の書籍が誕生した。刊行にあたってパーリ語から日本語への翻訳に従事したのは、主として、宇井伯寿、長井真琴、福島（辻）直四郎ら、高楠の弟子や教え子たちである。合計で約五十人がこの訳業に参加した。一方、高楠はすべての翻訳原稿に目を通して加筆訂正や統一を行っており、編者として全体を取りまとめる役割を果たした。

高楠がこの新たな大蔵経を企画したのは、まずもって研究上の理由からである。パーリ仏典は、「経（釈尊の教え）」、「律（修行僧らの生活規則）」、「論（教説の哲学的整理）」の三蔵から成る。このパーリ三蔵については、十九世紀の後半以降、ロンドンのパーリ聖典協会によって緻密な校訂出版が行われてきた。高楠らが日本語訳にあたりおもに依拠したのもこのパーリ聖典協会の業績であり、それを翻訳して広く共有する作業には、西洋の仏教研究への追随という意味合いがあった。

だが、南伝大蔵経は純粋に学問的な動機だけで制作されたのではない。北伝仏教と南伝仏教のあいだにある断絶や対立を解消したいという、より実践的な意図も、高楠は明確に持っていた。

北伝仏教の中心は「大乗仏教」である。それゆえ、北伝仏教を移入した日本において、仏教とは基本的に大乗仏教のことを指す。大乗仏教は釈尊の没後から数百年後の紀元前後に成立したが、大乗仏教の信奉者たちには、それ以前の仏教を「小乗仏教」として低く評価する傾向があった。そして、南伝仏教のほうはこの小乗仏教を主流とするため、日本には南伝仏教を受け入れる素地が乏しかった。

一方、パーリ語の仏典研究がロンドンを拠点に進展してきたことからもわかる通り、西洋のインド学にはむしろ南伝仏教（小乗仏教）を重んじる風潮があった。対して、北伝仏教（大乗仏教）については逆に軽視する研究者も少なくなかった。大乗仏教は釈尊の生きた時代から随分と後の時代に形成されたので、これは本来の仏教とは異質なのではないかという疑義が持たれたからである。大乗仏教は釈尊が説いた教えではないとする、いわゆる「大乗非仏説」を主張する者たちもいた。

高楠は日本の仏教徒らしく、まず何より大乗仏教（北伝仏教）を尊重した。他方で同時に、西洋留学をしたインド学者として、小乗仏教（南伝仏教）を正当に評価し、日本の仏教徒にも受け入れて欲しいと望んでいた。こうした高楠の、仏教者としての二面性があったからこそ、南伝大蔵経は生まれたのだといえよう。

仏教は歴史のなかで大きく二つの系統に分かれたが、いずれも帰するところは一つである。高楠は次のように述べる。

仏説に南北の別があるわけでなく、初めから大小を分って説かれたわけでもない。仏所説の内容は同じ所から出発したもので、一切の法門はその水源を同じくして居るわけである。唯仏教を奉ずる人々の心持ちの違いで色々に分かれるのである（『南伝仏教講座 Ⅰ 総説』）。

この南北ないしは小乗と大乗の信徒を分断する「心持ちの違い」を乗り越え、複数に枝分かれしたアジアの仏教を総合的に把握すること。南伝大蔵経は、そうした目的を達成するためのツールでもあった。

高楠は論じる。大乗仏教の「精神」は、もともと小乗仏教のなかから生み出されている。それゆえ、南伝大蔵経の内容をきちんと確認してみれば、「大乗特有の教義と思ってゐたものが小乗だと思うて居る南伝の中に明白に教えられてあるようなこともある」のだ。そうであれば、大乗仏教だけを誇り小乗仏教を貶めるような日本の仏教徒の態度は、速やかに反省すべきだろう。

南伝大蔵経にはさらに、これまで仏教に馴染みのなかった層にも仏教を届けたいという、布教的な意図も込められていた。高楠たちは南伝大蔵経の売り文句となる文章を作成した際、そこに「南伝大蔵経を推薦す 一般大衆の家庭へ」という題目を掲げた。本文の一部を引用してみよう。

> 大正新脩大蔵経の姉妹編として、一面大乗荘厳の幽玄深広の教義を見ることは出来ぬかも知れないが、しかし所謂人間の仏教として、はた一般家庭、所有階級の人々、さては婦人、児童にまで味読していただき、且つその日その日の修養に資することの出来るのは、寧ろ此の南伝の大蔵経であります。（中略）一たび本典を繙かれれば、何人も坐ながらにして二千五百年の仏在世に遡

り、面り大聖釈尊の真教に接することが出来ます。全日本の御家庭毎に一本をお備え下さるようにお薦め申します。

大正新脩大蔵経は漢文で書かれた経典の集成であり、大乗仏教の深淵な教理を多分に含むため、一般人には縁遠い。それに比べて、南伝大蔵経は現代日本語訳であり、釈尊の説いた「人間の仏教」を中心とするので、「家庭」の「婦人」や「児童」にも理解されうるはずだ。南伝大蔵経には、そうした大衆啓蒙的な役割も期待されていた。

現実には、南伝大蔵経が日本全国の各家庭に置かれるというような状態にはならなかった。大正新脩大蔵経と同じく南伝大蔵経もまた、一般読者が読み解くにはハードルが高かったのである。とはいえ、それは釈尊中心の「人間の仏教」を日本に広めるという、インド学者としての高楠の念願を、間接的に支えるテキストの一群にはなり得ていたと思われる。

3　理想と人格

一般読者への仏教啓蒙

大正新脩大蔵経の刊行開始と同じ一九二四年五月、高楠は雑誌『現代仏教』を創刊する。これは当初、大蔵経の宣伝と販促のために作成されたパンフレットであったが、仏教に関する各種の論説やエッセイを掲載する雑誌へと発展し、一般向けの販売もなされた。一九三七年三月までに一三七号を数え、この時期を代表する仏教雑誌の一つとなった。

また、南伝大蔵経の刊行に際して、高楠は東京帝国大学仏教青年会館を会場とした「南伝仏教公開講座」を立ち上げ、本人が講演するほか、ゲスト講師も招いて講座を続けた。講演の内容は、これも新たに創刊された雑誌『ピタカ』に毎回収録されている。

このように、高楠は経典の調査研究や翻訳といった専門性の高い仕事だけでなく、雑誌の出版や講演の繰り返しといった方法で、仏教を一般世間に伝えることにも尽力した。一九三五年の四月一日から十日にはラジオにも出演し、「釈尊の生涯」について丁寧に語っている。この放送には各方面から出版の希望があり、原稿に加筆の上一九三六年に大雄閣から刊行された。同書では、インドの仏教彫刻の写真に加え、桐谷洗鱗や野生司香雪の描く仏伝に材をとった絵画が潤沢に使用されており、釈尊の生涯をイメージしやすい。

これ以外にも、高楠は一般読者でも手に取りやすい本を数多く出版している。そのなかには、『生の実現としての仏教』（一九二四）、『聖典を中心としての仏教』（一九二八）、『人文の基調としての仏教』（一九二九）、『人間学としての仏教』（一九三二）、『東方の光としての仏教』（一九三四）など、「〇〇としての仏教」といったタイトルを付した書籍が多い。仏教をどうとらえるかの視点は多様でありうることを示唆する題目の付け方だ。

それらの書籍の内容に共通するのは、やはり釈尊の教えの強調である。当代随一の仏教学者であり、大正新脩大蔵経の編纂者であった高楠だから、多くの本において当然のごとく、多彩な経典に依拠した幅広い視点からの解説がなされている。一方で、それら様々な経典に記された仏教はすべて、最終的には必ず釈尊の生涯や思想へと収斂(しゅうれん)するのだという認識が、高楠の書くものには一貫して示されている。

高楠の念頭にあった釈尊の教えとは、はたしてどのようなものであったか。それは、神を頼らない宗教であった。

無神論の宗教としての仏教

仏教は「無神主義」つまりは無神論の宗教である。これは高楠の仏教に対する基本的な理解であった。宗教というと、通念的には何らかの「神」を信じる人間の言動や組織的な活動だと想像されがちである。だが、高楠の考える仏教は、そういった意味での宗教とは明確に差別化されていた。

高楠によれば、無神論には二種類ある。一つは人間以外の神的な存在をまったく認めない、いわゆる「唯物論(ゆいぶつろん)」である。もう一つは、人間以外の神を認めはするが、この宇宙や地上の生物を創造した神といったような解釈はとらない立場だ。仏教は、このうち後者の意味での無神論を支持し、この点については大乗も小乗も同様であるとされる。

釈尊は絶対的な神ではなく一人の人間だ。高楠は次のように論じる。

> 教主世尊たる釈迦如来は人間であって決して生類を創造したり生類の運命を主宰したり、生類の善悪を審判したりするようなことは決してない。仏は自分の前に自分を造った神もなく、自分の周囲に自分を助くる神もない、自己の力で自己を修養するより外はないとして人格向上の一点張で出発せられたのである（『理智の泉としての仏教』）。

ここで彼のいう、「生類（人間を含む生き物）」の「運命を主宰」し「善悪を審判」する存在とは、もっぱらキリスト教徒の信じる神が想定されている。仏教は、そういった意味での神を信仰するキリスト教とは全く異なるタイプの宗教だと、高楠は確信していた。すなわち、個々の人間が神のような絶対者に頼ることなく、自分の力で自分自身を磨き上げ、「人格向上」を達成すること。これが彼の考えるところの仏教の眼目であった。

仏教はインド思想に通底する「業（カルマ）」の考えを採用している。業とは、心と身体のいずれかが起こす行為や働きのことで、その報いは、業の発生源である当人の心や身体に必ず返ってくるとされる。いわゆる「自業自得」の発想だ。高楠は、この業の思想を強調しながら、自己による自己の創造を目標とする「人間の宗教」としての仏教という理解を、明快に打ち出したのである。

> 仏は人間として人間の宗教を発見せられたので、人間は神の創造ではなく全く自己創造であって、自己の意志から起る業力不滅の力に拠て自己を造りつつあるのである。自分で単独に自己を造り、

また他と共同に宇宙を造ったのである。共同の創造を共業感と称する（中略）人間の運命は神に依て主宰さるるのではなく全く自己主宰である、自業自得で自己の運命を開拓しつつあるのである。

ここで注目すべきは、業には単独で生み出すものと、共同で創造するものとの二種類があると述べられている点である。自己を造り上げるのは、まずもって自分自身の行いや心の働きである。一方で、その自己を取り巻くこの世界（宇宙）は、他者と共に造り出すものだ。高楠が指摘する通り、そうした共同作業による世界の創造のことを、仏教では「共業（感）」と呼ぶ。つまり、個人の人生は「自業自得」で形作られるのに対し、それぞれの人生が置かれている場所や環境は、彼一人、彼女一人では決して成り立たず、むしろ、自己と他者——現世だけではなく過去と未来のすべての生命——との相互作用によって、絶えず生成され続けるというわけだ。

自己による自己の創造を重んじる高楠の仏教観は、ともすれば、他者を閑却した自己完結の思想とも受け取られかねない。最悪の場合、ひたすらに「自己責任」を力説する教えではないかと誤解されるおそれもあるだろう。しかし、彼が主張したいのは、あくまでも神頼みや他人任せに安易に流れることのない、主体的な人間性の確立であった。共にこの世界を創造する他者への配慮が看過されているわけではない。

あるいは、自分の人生を自ら切り開く勇気と、どんなものであれその結果を自分で受け入れる覚悟、これらを欠く人間には、そもそも他者の人生に関与する資格はない、ということでもあろう。そして、そのような勇気を鼓舞し、覚悟を決める上では、まず何よりも「理想」を持つことが大事であるというのが、高楠の揺るがぬ信念であった。

理想の追求と人格の向上

神に頼ることができないのであれば、人間はいったい何を支えとして生きていけばよいのだろうか。こうした問いに対して高楠は答える。それは個人ごとの理想である、と。神など信じなくとも、高い理想がありさえすれば、その実現に向かって人間は着実に歩むことが可能であり、またより優れた人格を獲得することもできる。逆に、理想のない人間は確固とした足場や方向性を持ち得ず、ゆえに自己を滅ぼすことになる。それは一個人から国家のレベルまで同様なのだ。彼はいう。

> 「理想なき国民は滅ぶ」と云う言葉がある、理想を有して居ない国民は必〔ず〕堕落するのである、結局滅ぶるの運命を有って居る、国ばかりではない、理想の無い個人は堕落するのは必然の勢である、我々の理想が人格を形造り、人格が理想を現わすのである（『生の実現としての仏教』）。

とはいえ、誰もが高邁な理想を持つ必要はないとも高楠は説く。何がどうなろうと別に構わない、といった理想の喪失による自暴自棄や自滅に陥らないことが肝心なのであり、そのためにも、各自の年齢や能力に見合った理想を所持する必要があるのだ。たとえ「金持ちになろう」「人よりは美しいものを着よう」「生活を立派にしたい」といった、程度の低い理想であっても、それが本人の自己向上につながる限り、必ずしも否定されるべきではない。問題はむしろ、理想をまったく持たないこと、あるいは、「堕落した理想」にとらわれることである。人を高みに向かわせることのない理想を、理想とは決していわないのである。

各自の身の丈にあった理想は、個人の成長に応じて常に発達していく。「蟹はその甲羅に似せて穴を掘る、理想はその穴であるから、自分に相当のもので可い、それが段々に実現されて行く、所謂理想の現実化である、理想が現実になったら其上に理想が出来る、その理想が実現すると又その上に理想が出る、それでこそ人の進歩が起って来るのである」。個々の人格とその理想は、共に高め合う関係にあるというわけだ。はじめは金儲けのような低級の理想を抱えていた人間のなかにも、人として成長するに従い、やがて「その金を無益に使わない、社会的に使い、精神的に使う」といったより高度の理想を獲得する者がいるように。

こうして人格と理想を一歩一歩と高めていった先の頂上には、何が待っているのだろうか。仏教徒である高楠にとって、それはもちろん「仏」あるいは釈尊の悟りの境地であった。「理想の究極まで達したならば、我々は大人格者の地位、絶対人格の仏の地位になる」に違いないのである。ただし、その究極の地位にまで上昇した時、人間の理想の追求は終わりを迎えてしまうのではない。完成された人格の意識は、転じて他者へと向かうようになる。高楠は次のように説明する。

> 自覚はやがて覚他の力を生ずるのである、自覚と同時に覚他と云うことが付随して来るのであるから、自分が縦に理想の究極まで達したならば、今度は横に十方衆生を一人も残らず助けようと云う理想が顕はれる、そうなれば今度は自他平等の事実を現はすようになる、斯くの如く自覚はやがて覚他を伴うものであるから、自覚と覚他とは同じ意義にならなくてはならぬ、そうすると云うと何所まで行っても理想は止まない、高く究極まで達したら、広く究極まで達するのである、
> 　理想と云うものは決して無くなるべきものではない。

人間の理想は垂直軸の頂点に達した瞬間、一転して、水平軸の彼方へと放射されるようになる。つまり、人格完成の階梯を登り切った者は、自分以外の他者を救う、あるいは他者の人格を向上させるための実践のほうへと再び歩み出すというわけだ。そして、人格の高みにあるその人の大いなる理想は、あらゆる他者の救済や善導が完遂されるその日まで、決して消えて去ることはない――。

　こうした高楠の考えは、厳しい修行や奥深い瞑想の果てに悟りを開いた、釈尊の人格を絶対的な理想としている。それゆえ、普通の人間には容易に実現できそうもない。俗人にとっては到達不可能な理想のイメージであり、だからこそ、一種の宗教として語られるのだ。

　しかしながら、この高楠の思想から示唆される、自己の人格と理想の向上が、やがて他者に対する共感や配慮、助力へとつながってくるという発想はどうだろうか。これならば、我々のような凡人にも十分に通じうる普遍的な見識であるように思える。

とりわけ教育という文脈において、教える側と教わる側の人間性や意識が共に改善されていくという現象は、極めてよく見られることだろう。学者としてのみならず教育者としての活躍も著しかった高楠が、そうした現象を日常茶飯事のように身をもって経験していたことは疑いない。次章では、彼が広範に展開した教育活動に焦点をしぼる。

第四章　教育事業と芸術活動

武蔵野女子学院 校舎中央建物上棟式（1929 年 12 月 10 日）

1　学校の建設

関東大震災という機縁

一九二三年九月一日、死者・行方不明者が推定で十万五千人に上る二十世紀前半で最大規模の災害が日本を襲う。いうまでもなく、関東大震災だ。神奈川と東京を中心に、凄まじい被害が広範囲に及んだ。

知られる通り、火災による死者が多数を占めた。地震発生時が正午前だったため火を使用していた家庭が多く、強風の発生や木造住宅の密集も火事を増幅させた。また別の原因として、避難者たちが持ち運んでいた荷物の存在も指摘される。人々が自宅から避難する際、荷車に乗せたり背負ったりしていた家財が、避難中に次々と引火し、その燃え盛る荷物に逃げ道をふさがれて焼死した者が少なくなかったのだ（『関東大震災』）。私財への執着のために自らの命を焼失させたわけで、これは煩悩を炎に喩える仏教の教えを想起させる。

高楠はその日、新潟への旅行を終えて帰路につこうとしていた。長岡付近で微震を感じた彼は、夜行の汽車で直江津あたりまで来た時、荒川の鉄橋が不通との報せを受ける。翌二日の朝六時頃に川口町駅（現川口駅）に到着し、徒歩で赤羽までたどり着いた後、そこから田端まで汽車に乗って移動した。さらに歩いて小石川関口台町（現文京区関口）の我が家に帰宅。家屋は外側こそ全形を保つも、内部は原形をとどめていなかった。壁の破壊は目も当てられず、二階に通じる梯子も危険な状態で、屋内にいた家族は混乱が収まらず右往左往するばかりであった。

とはいえ、高楠家は比較的ましな状況であり、周囲では家屋倒壊、火災、死傷などの恐るべき惨状をひたすら見聞きする。流言飛語は四方八方に広がり、否が応でも人々の神経を煽った。神奈川や東京が全滅するとの噂も耳にする。夜の闇のなかで際立つ炎と煙は、遠くから見ているだけでも身の毛がよだった。浜離宮に避難した人々のなかには、飢餓ゆえに池の魚を捕まえて貪る者がおり、宮城前では食料不足のために縊死する避難民もいたという。東京はまるで第一次世界大戦後のベルリンのようで、ただ略奪が見られないことだけが違った（「東京震災の帝国大学に及ぼせる惨害に関して」）。

こうした地獄絵図を念頭に置きながら、高楠は新たな学校の建設を決意する。震災による大打撃を被った東京の街を再生し、日本社会を立て直す作業に、教育という方法で貢献したいと強く願ったのだ。その念願は、武蔵野女子学院（後の武蔵野大学）の創設というかたちに結実する。以後の高楠はよく「一二・九初は、女子学院永遠の標語である」と述べていた。大正十二年の九月一日の出来事こそ、この学校が誕生する機縁であったことを決して忘れてはならない、という戒めである。

教師・学長としてのキャリア

武蔵野女子学院の建設に着手した頃、高楠は五十七歳であり、教育者としてすでに長いキャリアを積んでいた。また、学校を自ら立ち上げたのも、この時が初めてではない。ここで彼の教育事業の履歴を振り返っておこう。

一八九七年六月から一九二七年三月までの約三十年間、高楠は東京帝国大学で梵語学（サンスクリット語）の教師を務めた。彼の講義を受ける学生の数は毎年十名ほどで、塾のような雰囲気であった。梵語学という専門性の高い科目であり、高楠も東大生には厳しく臨んだので、途中で脱落する学生も少なくなかったようだ。とはいえ、授業はしばしば脱線してインド・ネパール調査の興味深い思い出話となり、そんな時、学生たちは話に聴き入って遠く南アジアの情景を思い描いた。そうした学生たちのなかからは、次世代のインド学や仏教学を担う多数の有能な研究者が輩出した。

大学教員としての高楠の眼つきは鋭く、初対面の人はしばしば威圧感を覚えたという。しかし、彼は学生たちには常に親切に接し、彼らに何か災難が起これば、自分のことのように奔走して問題の除去に努めた。病気をしている弟子のために下宿を訪問したり、弟子の子供が高等学校に入学したのを祝ったりするなど、心遣いは細やかだった。

一九〇〇年十一月から一九〇八年七月まで、彼は東大教授を務めながら、東京外国語学校（東京外国語大学の前身）の校長も兼任している。任期中には「東洋語速成科規定」が制定され、ヒンドゥスターニー語、タミル語、モンゴル語、マレー語の四つの語学科が新設された。こうしたやや特殊な言語を学習できる環境の整備は、インド学の第一人者である高楠の面目躍如といえる業績だろう（なお、彼の校長退任後の一九一一年一月、本科として上記の四学科にタイ語を加えた五学科が新設されている）。

また、同学校長の時代には、各語科が連合で行う講演会（スピーチコンテスト）と「語劇」の開催

東京帝国大学の教え子と共に（1907年）

を積極的に支援した。それぞれの学科の生徒たちが各国語による演説を披露した後、英語科がシェイクスピア、ドイツ語科がゲーテ、フランス語科がロスタン、ロシア語科がプーシキンなどの戯曲を演じるといったもので、彼はこうした芸術表現を通した語学の修練を非常に好んだ。

　やや時代は飛ぶが、一九三一年七月から一九三四年六月まで、高楠は東洋大学の学長も務めている。彼が学長に就任する少し前の一九二八年、東洋大は大学令にもとづく大学昇格を成し遂げていた（それ以前は専門学校）。この大学昇格に際しては、文部省（当時）の意向に従い施設面での整備を行う必要があり、新校舎と図書館が相次いで建設された。しかし、それらの建設費用によって大学の財政は逼迫し、同じく新設する必要のあった講堂の建築がままならない状態であった。高楠はそうした時期に学長となったため、寄付金の募集に尽力することを余儀なくされる。学生や教職員の熱心な活動もあって募金は順調に集まり、一九三四年一月には講堂が落成。落成式の祝辞で、彼は講堂の建立に関わったすべての人々への感謝を捧げつつ、哲学館（東洋大学の前身）の創設者である井上円了の事跡を称えた。

日華学堂と中国人留学生

　高楠が関与したユニークな学校に、中国人（清国人）留学生のための予備校として設立された「日華学堂」がある。日清戦争後、アジア諸国で唯一の近代化に成功した日本に学ぼうという機運が清国で急速に高まり、実際に日本へやってくる学生が増えていた。一八九八年の初夏、清の役人から相談を受けた外務次官の小村寿太郎が、先述（本書第二章）の通り逓信大臣秘書官を務めていた高楠と協議の上、新たな学校を設置することを決定する。高楠は学生時代からの友人である梅原融（賢融）や宝閣善教らを巻き込み、話を具体化させていった。かくして、外務省の嘱託による留学生の予備教育（日本語および歴史地理などの普通科目）に特化した学校、日華学堂が始動する。

本郷西片町（現文京区西片）の校舎は新築の二階建てで、教場と食堂に加え、寄宿舎も付設された。食事は中国と日本のものが半々で、生徒たちが材料を持ち寄り自炊したという。他方、彼らは共同風呂を嫌がり、これは教員たちを困らせた。そこで高楠は外務省からの資金援助を得て、塩原温泉での夏合宿を実施し、彼らに風呂の入り方を教える。このまさに体を張った教育によって、他人の入った風呂は決して汚くないという理解が行き渡り、共同風呂の問題はなくなった。

日華学堂の学びを終えた者たちの多くは、東大や第一高等学校、東京専門学校（後の早稲田大学）へと進学し、あるいはアメリカへ留学する生徒もいた。学業を終えた彼らは、やがて本国で官僚や大学教員（学長）、実業家になり、近代中国を支えるエリートとして活躍する。出身者のなかには本国での立憲運動に挺身する者もいた。

学堂の事業自体は、開校から三年目の一九〇〇年には早くも停滞しはじめる。清国で義和団の乱（北清事変）が起きるなか、留学生のあいだに動揺が走り、日本滞在に対する不安も高まった。これを契機として、学堂の活動も急速に縮小していく。一方、外務省の意向に配慮しながらの学校経営を強いられること自体が、高楠ら教員にとっては開校当初から重い負担となっていた。同年九月、学堂は約三年間の活動を終え閉校する。

中央商業学校（中央学院大学）の創立

日華学堂は短命に終わるも、その運営に携わった中心メンバーらは、すぐに新たな学校を立ち上げ、こちらは現在に至るまで続く息の長い教育機関となった。現在の中央学院大学の前身をなす、中央商業学校がそれである。

日清戦争後の経済の発展を受け、日本では商工業の重要性がますます高まり、実業教育のための施設の必要性も強まる一方であった。東京には、すでに高等商業学校などいくつかの教育機関があった。しかし、当時の実業教育においては徳育が軽んじられる傾向にあり、知徳円満の人材育成も急務であった。そこで高楠は新たな商業学校の創立を決意する。

彼は英国留学時代、同地でビジネスマンが政治家や学者と等しくジェントルマンとして扱われていることを強く印象付けられた。当時の日本にはまだ近世以来の士農工商の意識が残っており、商人は最下層で、道徳よりも儲けを優先し、商売には嘘やごまかしが付き物といった偏見があったからである。この留学時代の見聞が、高楠をして徳育を重んじる商業学校の創立を思い至らせた。その頃、渋（しぶ）

沢栄一が「論語とソロバン」を標語として実業教育の振興を唱えていたが、これに対して高楠は、いわば「お経とソロバン」を建学の精神とする商業学校を目指したのである（長井真琴「半世紀の回顧」）。

高楠は本願寺派法主の明如に訴えて、学校の建設費用として二万円という多額の資金援助を確約させる。一九〇〇年六月には設立同人の集いを開き、設立場所を都下商業の中心地である日本橋に定めた。同地の有力者を通じて、もともと商取引所として使われていた建物をほぼ無償でもらい受けるとともに、同人たちはさらなる寄付金を募った。そして同年十月、「日本橋簡易商業夜学校」が開校される。まずは夜間のみ授業を行う二年制の簡易学校としてのスタートであった。校主は高楠が務め、校長には彼のオックスフォード大学時代の学友である南岩倉具威男爵が就任。また、主監（事実上の校長）には梅原融が選ばれている。

開校にあたり集まった生徒はわずか二十二名。日本橋付近の実業家の子弟や、商店の若い従業員たちであった。夜の教室に置かれたランプの灯りのなか、彼らは学習に励んだ。

同校はその後、一九〇二年三月に京橋へ移転。「中央商業学校」と改称し、翌月に五年制の甲種商業学校として文部大臣に認可される。この改称にあたって、「中央」という言葉を好む高楠の意見が採用されたことは、先述（第一章）の通りである。

初代主監の梅原や、二代目主監（後、校長）を務めた宝閣善教をはじめ、同校の創設に携わった人々には、浄土真宗の僧籍を有する者が多かった。高楠が彼らと出会ったのは、本書の第一章で触れ

中央商業学校の創立メンバー（後列右端が宝閣善教）

た西本願寺の普通教校である。

彼らが現役学生であった頃の普通教校では、出身地に応じた「広島組」「越前組」「熊本組」といったグループ分けがあり、高楠（沢井）は広島組のリーダーで、梅原と宝閣は越前組に属していた。このように所属するグループは違ったが、高楠と梅原は「詩文会」というサークルを設けて詩作を通じた交流を続けた。自作の漢詩を持ち寄り、互いの作品を自由に批評しあっていたという。また高楠は宝閣とも気心の知れた仲で、高楠家に婿入りする際、宝閣から立派な羽織を借りたりもしている。中央商業学校のルーツには、こうした普通教校を縁として生まれた篤い友情があった。

学識と徳性を兼ね備えた仏教者たちを中心に運営される商業学校というのは、開校当時、かなり好意的な評判を呼んだようである。六期生の大橋国三郎という人物が、明治末の頃を回顧して次のように評している。
私達の時代は仏教華やかなりし頃であったから、仏教学者の関係している商業学校という事で、一般社会の信用は大きかった。（中略）中央商業は他の商業学校とは比較にならぬ程一つの風格を持っていたように思う。それで交通不便の時代、横浜や千葉市や亀有(かめあり)辺の遠い所から通って来る生徒もいた（「中央商業の頃」）。

開校当初は二十数名であった学校は、この頃、すでに五百名を超える生徒を抱えており、人気は高まる一方であった。その後も戦争や災害などの影響により浮き沈みを経験しつつ、同校は着実な発展を遂げていく。一九六五年には千葉県我孫子(あびこ)町（現我孫子市）へと移転し、「中央学院大学」と改称して大学に生まれ変わった。

2 女子の教養

武蔵野女子学院の誕生

大災害の年が明けたばかりの一九二四年一月十日、高楠は「武蔵野女子大学」創設の構想を発表し、このニュースは新聞でも報じられた。実のところ、彼はその数年前から女学校の創設を検討していた。だが、大正新脩大蔵経(たいしょうしんしゅうだいぞうきょう)に関わる仕事で手一杯であったため、実行に移せずにいた。しかし、震災後の日本の姿を目の当たりにした彼は、女子教育事業への参入は急務であると悟る。さらなる激務を覚悟の上で、新たな学校経営に乗り出した。

ただし、当時の大学令では女子大学の設置は認められておらず、また、いきなり高等教育機関を運営するのは困難であるとの周囲からの助言もあった。そこで、まずは中等程度の女子教育機関の設立を目指し、その後に女子大学へ発展させるという方向に舵を切った。

校舎の建設場所としては、西本願寺が大谷光明（前法主の明如の三男、ゴルファーとしても著名）の名義で一九二二年に買収していた北多摩郡保谷村上保谷（現西東京市）の敷地を譲り受けることとなった。この地に、将来的には幼稚園から小学校、女子中高、そして女子大学を含む学園を作るのが、高楠の最終的な目標であった。

ただし、武蔵野の土地に校舎が完成するまでのあいだ、さしあたり築地別院（現築地本願寺）の境内に仮校舎を設けることにした。当時の別院内には、日本赤十字社が直近の震災被害者の救護のために建てた臨時病院があり、その建物を買い取り改修することで、これを仮校舎としたのだ。

この校舎の確保と前後して、女子学院の設立認可が東京府から下りている。私立学校令にもとづく「各種学校」としての位置づけで、一年級から五年級まで、一学年あたり百二十名で計六百名の定員であった。学院長には高楠が就任した。

かくして一九二四年四月二十一日、武蔵野女子学院の初めての入学式が執り行われる。先の構想の

学院創設時の築地校舎玄関（1924年）

発表からわずか三ヵ月ほどの急ピッチでの開校であり、そもそも生徒が集まるかどうかの懸念もあった。しかし、ふたを開けてみれば第一学年に九十名、第二学年に三十名と、初年度としては予想を上回る人数であった。

築地校舎は、改修工事を施したとはいえ、バラック建てに等しい粗末なものであった。近辺には災害の爪痕もいまだ色濃く残り、生徒や教職員の気分はなかなか落ち着かない。そこで、焼け野原の緑化計画が持ち上がり、ケヤキやモミなど、入手できる限りの草木を空き地で栽培することにした。校舎と校舎のあいだにある猫の額のような空間にも、焼け残ったレンガや瓦を集めて花壇を造る。そこに学生たちの植えたコスモスやダリヤが咲き、校舎の景観は見違えるように華やいだ。

学校の創立理念には、「仏教主義に基づく人間成就」が掲げられた。釈尊の唱えた仏教の理想を基盤にした人格形成ということで、仏教と教育についての高楠の考えが直接的に打ち出されていた。ただし、授業のカリキュラムは当時の高等女学校の規定に準拠しており、「仏教主義」は一目瞭然ではない。とはいえ、毎週の「修身」の時間に高楠が仏教に関する講話を行うほか、毎朝の聖語奉読や、花まつりなど各種の年間行事を通して、持続的な仏教教育が行われた。「芸文会」（学芸会）では仏教演劇が演じられたりもしている。校舎からは日々、無邪気な少女たちの歌う讃仏偈（さんぶつげ）の声が聞こえてきた。

武蔵野の地へ移転

一九二七年三月、武蔵野女子学院は高等女学校令にもとづき高等女学校（現在の中学校から高等学校の二年までに相当）として設置し直された。それから二年後の一九二九年四月一日、女子学院は築地を離れ武蔵野の地へと移転する。

移転先の保谷は、自然豊かなのんびりとした土地であった。その反面、交通アクセスが極めて悪く、当初は生徒を集めるのに非常に苦慮した。校舎も未完成で（翌年三月に落成）、最初の年の新入生はたったの二十三名。しかも移転に際して転校した在学生もおり、生徒総数は移転前の約五百名から二百名足らずへと半減してしまった。学校経営は窮地に陥り、学院長の高楠は全教職員を集めて緊急提言を行う。皆の給与を減額させてほしいという懇願であった。憤慨して離職する者もいるかと思いきや、

武蔵野の新築校舎（1930年）

彼の熱意に打たれた教職員たちは皆、この願いを了承したという。

こうした経営難に直面しつつも、移転先の自然環境はやはり卓越したもので、高楠はその生徒の心身に与える利点、あるいは教育的な効果を、次のように説明している。

武蔵野の原に来て見ると、広々とした野原で二万三千坪もあるのだから、木の育ちも宜しい。灰燼（かいじん）の築地では生徒の健康が気がかりで（中略）不断の注意が必要であった。然（しか）るに驚くべき、武蔵野に来たら、健康が次第に良くなり、消化も良くなり、精力も増して来る、衣類や履物の不規則も自然にやみ、いつしか制服に制靴の外何も異様の風体を見うけぬようになった。こればかりでも移転の功力を感じざるを得なかった（「創立十五周年を迎えて」）。

人間の健康や礼節の良し悪しは、彼や彼女を取り巻く環境に大きく左右される。肉体から精神まで、人間形成には良好な環境の力が欠かせないことを、高楠は武蔵野の土地に身を置きながら改めて実感したのである。

もちろん、環境だけが人間形成に与るのではない。教育者の人格と、彼や彼女の信じる理想もまた、生徒の成長に影響を及ぼす。この点については、女子学院の卒業生（一九三二年卒）の思い出話を引いておこう。

新設のその校舎の講堂で、毎週水曜日の一時間目は、宗教の時間として高楠先生の講話があり、数々の経文を読み、讃仏歌を合唱したものでした。太い眉と眼光炯々とした尊厳そのもののご風貌は、今もはっきりと目に浮かび、重々しいお声はしっかりと耳に聞こえます。そのご経歴からもうなづける深い学識、世界的な視野、高い理想を背景とする高邁なお話は、幼稚で未熟な私の心を育て、今もなお心の底に生きているようです。その上、仏教を知ることで宗教全般にも心の窓が開かれました（古橋たま）。

当代最高峰の学識と仏教精神に裏打ちされた高楠の言葉や立ち居振る舞いは、十代の女子生徒の心にしっかりと刻まれ、彼女たちの人間形成を助けたようだ。ここで、仏教のみならず「宗教全般」に対する「心の窓」が開けた、と述べられているのも興味深い。高楠が生徒たちに伝えた仏教は、特定の宗派に偏った狭いものではなく、人類に広く共通する精神性の価値を物語るものであったのだ。

仏教女子青年会の設立

女子学院の経営と並行して、高楠は仏教女子青年会の事業も主導していた。会の発足は一九二四年四月十二日で、女子学院の開校とほぼ同じタイミングである。

一九一八年頃、西本願寺が東京での布教拠点の一つとして神田三崎町に明治会館を新築する。そこに東京の青年男女が集まり、音楽サークルとしてルンビニー合唱団を結成した。そのメンバーを中核として、高楠は女子の社会教育を主な目的とする団体を新たに組織する。これがすなわち、仏教女子青年会である。明らかにキリスト教女子青年会（ＹＷＣＡ、日本では一九〇五年に開始）を意識した団体であった。

発会式は芝公園内の協調会館（社会事業団体「協調会」の建物、労働組合などの会場として貸し出された）で行われた。教育界の大御所である沢柳政太郎が開会の辞を述べ、会長の高楠が発起演説を行う。発会式で示された趣意書は次の通りだ。

宣言

我社会の実生活に於ける婦人の地位は、果して女性の使命に対する時代の要求を完うし得べきや。精神界の明星未だ現はれず昿野方途に迷う。この時に当って理智と信念とに基づける女性活動の根本道場を建設するは我々が相互扶助の根本義を完うし、時勢の救難に赴く所以の本分なりと信ず。爰に同人相謀り仏教精神の自覚に立ち仏教女子青年会を起し、広く志を同うせる地方青年会、婦人会、処女会、等と連絡提携し左の目的を達せん事を期す。

要綱

一、家庭の浄化
一、社会の廓清
一、女性教育の完成
一、女性関係事業の促進

つまり、女性の活躍を家庭か社会かの場を問わずに支援し、あわせてその活躍を促進するための教育を、特に仏教精神にもとづくかたちで一般社会に普及させる、ということである。団体を高楠が率いているので当然といえば当然だが、武蔵野女子学院の建学理念と明確に重なる発想だ。女子学院の社会教育版とも評せるかもしれない。

この仏教女子青年会では、会員の寄宿舎として暁紅寮（ぎょうこうりょう）が千駄ヶ谷（せんだがや）の旧高楠邸に設けられた。また、婦人図書館の設置（東大仏教青年会館内）、日曜学校の実践（同）、パンフレットの発行、研究会や座談会の開催など、幅広い事業が執り行われている。その支部も、鎌倉、静岡、神戸、多摩など各地に次々と設立されていった。

高楠はまた、女子青年会の夏季寮を富士山麓に開設した。一九二六年八月、静岡県御殿場（ごてんば）玉穂（たまほ）村（現御殿場市）にある知人の別荘を夏季のみ借用し、楽天荘（らくてんそう）と名付けここに「富士学園（ふじがくえん）」を開いたのだ。

御殿場の楽山荘（1928年）

第一回は八月一日から十四日までの二週間で、女子青年会の会員に加え女子学院の生徒も十数名が参加した。高楠による仏教講習会が行われたほか、生徒たちは富士登山や箱根への遠足、コーラスやダンスを楽しんだ。

夏季寮での富士学園は翌年も開催され、さらに翌年の一九二八年七月には、地元住民や全国の仏教関係者の助力によって、楽天荘に隣接する土地に修養道場「楽山荘」が完成する。この楽山荘では毎年七月から九月まで、「富士休養学園」として各種の講習会が開かれた。武蔵野女子学院をはじめとする女学生のための精神修養やレクリエーションに加えて、「職業婦人」や「仏教関係婦人」など、団体の趣向に応じた様々な講習会が実施されている。たとえば「社会問題講習会」では、この時期に流行していた社会科学であるマルクス主義と仏教の関係や、欧米の社会事業の現状、貧困問題などが講じられた。

講習会の講師には、高楠ら当時の代表的な仏教学者はもちろん、松平俊子（教育者、昭和女子大学の前身である日本女子高等学院の院長）や岡本かの子（作家、岡本太郎の母）といった、著名な女性仏教者たちも名を連ねた。ちなみに、岡本は高楠を師として仏教研究に努めた人物である。

高楠は、自然豊かな武蔵野の地を高く評価したのと同じく、富士山を臨む御殿場の美しい環境をとても愛した。いわく、釈尊が生まれたインドの方面にはヒマラヤという霊峰が存在するのに対し、日本には最高の霊山としての富士山がある。「古来詩に詠まれ、歌に歌はれ、絵画となり、芸文となり、国民登岳思想の第一対象となり、遠洋航行海路の第一慰安となった」、日本人の永遠の理想としての富士山だ。ヒマラヤが世界第一の人格（釈尊）を導いたのであれば、富士山もまた、日本人の心を養ってくれるに違いない。彼はヒマラヤと富士山を重ね合わせ、後者を身近に仰ぐ女性たちの飛躍的な成長を期待した（「富士休養学園の建設」）。

仏教女子青年会はまた、機関誌『アカツキ』を発行していた。同誌は一九二五年一月の創刊から一九四一年十月の終刊まで、月刊で百七十号を数えるに至った。女性団体の会誌としても仏教雑誌の一種としても、かなり長く続いたといえよう。誌面の基調をなすのは高楠の仏教論や女性論だが、多彩な参加者の集う女子青年会の機関誌らしく、掲載された文章の幅は割と広い。会員女性らによる仏教をテーマにした論考のほか、市川房枝の婦人参政権に関する論説や、菊池寛による女性の教養と結婚についてのエッセイ、与謝野晶子の短歌などが載せられている。

戦時中の物資不足などの理由により雑誌は廃刊を余儀なくされるが、終刊号に掲載された「終刊之辞」には、未来を見据えた言葉が見える。「私共は今後機関誌を失う。またその形態、その組織はいかなる変改を余儀なくされるやも知れぬのである。然しながら私共の理想、精神は必ず生きる。そして私共の理想、精神が生き遺る限りは、私共の活動は、いかなる形に於いてであれ、顕はれねばならぬ」。ここにも、人間や世界を作り上げる理想の力を信じた高楠の主張がこだましている。

女子教育に力を入れた理由

以上のように、高楠は女学校の経営と仏教女子青年会の活動を連動させつつ、女性を教育するための場を形成し維持し続けた。彼はなぜ、寸暇を惜しんでそうした事業に情熱を注いだのだろうか。

震災復興の一環としての学校建設や、仏教精神の宣布といった側面については、上述してきた通りである。それらに加えて、そもそも女子学院の創設された一九二〇年代が、女子教育の大幅に拡充される時期にあたっていたことも重要だろう。たとえば、高等女学校は一九二〇年に三百三十五校であったのが、五年後の一九二五年には六百十八校となり、一九三〇年には七百七十校と、十年間で倍以上の数となっている。それに伴い入学者の数も、一九二〇年の三万五千人弱から一九三〇年の八万人超へと、やはり倍以上に増えた。高楠はこうした女子教育の急速な発展を見据えながら、仏教の立場からの女学校の設立を自ら担おうとしたのだと思われる。

仏教系の高等女学校は、すでに千代田高等女学校など東京にも十数校が存在していた。だが、キリスト教系の学校に比べると勢いが足りておらず、さらなる追い風が必要であった。他方で、キリスト教系では成瀬仁蔵の日本女子大学校や新渡戸稲造の東京女子大学など、「大学」を名乗る教育機関（制度上は女子専門学校の位置付け）も、多くの優秀な女学生を集めている。高楠は、これらに対抗できる仏教系の女子大学を東京に建設したいと強く願っていた。そうした状況や背景があったからこそ、彼は「武蔵野女子大学」の構想を公に示し、またその足掛かりとなる武蔵野女子学院の運営に尽力したのである。

それ以外に、高楠の家庭の事情もまた、彼が女子教育に身を捧げる動機となったようだ。高楠夫妻は多くの子供たち、とりわけ娘を亡くしており、いわゆる逆縁に繰り返し苛まれた。一九〇四年から一九二七年にかけて三男四女に先立たれ、あとには夫妻と長男だけが残されたのだ。こうした逆縁の積み重ねが高楠の教育事業を促進したであろうことは、妻の霜子による次のような発言からも推し量れる。

> 斯うした重々の不幸に身も心もよく生きて居ると思います。主人が女子大学を計画し、其の前程として武蔵野女子学院を経営し、皆様の大切なお子達を預かるのも、一方には死せし娘達のことを思い、心の慰安を得るという気持ちも御座いました（「子を失いし親の心」『アカツキ』二巻四号）。

楽山荘での朝の静座

高楠自身は、早逝した娘たちと女子教育の関係について、特に関連づけた私見は述べていない。しかしながら、彼と共に歩んだ妻というだけでなく、夫の女子青年会の活動を熱心に支えた霜子の見解である。一定の説得力を有する見立てとして受け止めるべきだろう。

実際、教育に携わる高楠夫妻の人柄や振る舞いは、二人と接した若い学生にとって、本当の親のように感じられることもあった。武蔵野女子学院のある卒業生（一九三一年卒）は、御殿場の楽山荘で過ごした夏の日々を懐かしく思い起こしながら、次のように述べている。

> 幼い日に両親を亡くした私は、先生ご夫妻を両親のように慕い、甘えていたように思う。全員でする掃除、晨朝（じんじょう）静座、日中の講話、夜の法楽の座等々、多感な少女時代に

充実した生活をさせて頂いた日々、朝ごとの勤行での先生の後姿に、私は遠い日家族全員で（猫も）仏前にお参りした幼い日を重ね、読経に唱和した（藤田富士子）。

教育とは基本的に相手がまだ得ていないものを授けるための行為だが、時には、その人が失ったものを共に取り戻すための営みにもなりうる。それはすなわち、教える人間と教わる人間それぞれの、過去と未来を結び直すための活動なのだろう。

「母性愛」の思想

高楠が女性に特化した教育を重んじたのは、もちろん、日本社会で果たす女性独自の役割に期待をかけていたからでもある。『アカツキ』創刊号の巻頭文には、そうした女性に対する彼の巨大な期待が込められた文章が掲載されている。その一部を引用しよう。

> 暗黒の幕は女性の手によってのみ除かれるのである。女性の手の触れざるところ、社会は暗影に閉じられつつある。母性愛は一切愛の根底である。（中略）教育も宗教も、女性の力によらざればその徹底は望まれないのである。盲目愛を破り、偽善愛を捨て、差別愛を去って、世界人類をして真に平等愛に生きしむるのは、女性の力によるのほかはないのである（「女性の力」）。

女性の力を信じ、その活躍を願う彼の思いがよく伝わってくる文章だ。ただし、現代的な観点からするとやや首肯しづらいところもある。それは「母性愛」が強調されている部分だ。あらゆる愛のかたちを超えた最高の「平等愛」として称揚されているが、「母性（愛）」を女性にのみ固有の資質とし、その発現を望むのは、女性の役割に対する偏ったものの見方のようにも感じられる。

「母性」という言葉は、女性運動家のエレン・ケイ（一八四九～一九二六）が用いたスウェーデン語moderskap（英語のmotherhoodまたはmaternity）の翻訳語であり、近代的な色彩が強い。大昔からある概念では決してないのだ。翻訳語として大正期に流行し、昭和期に定着した。当時の日本では、雑誌『青鞜』の刊行やその後の婦人参政権運動に代表される女性解放運動（いわゆる第一波フェミニズム）が隆盛していた。つまり、ジェンダー不平等の見直しが進んでいたのである。他方で、従来の「良妻賢母」の発想を引継ぎつつ、女性に固有の能力の開発を通した社会参加のあり方を模索する議論も、この時期には盛んに提示された。そうした文脈において、新たに普及した母性ないし母性愛という言葉は、まさに女性固有の能力を改めてクローズアップしてくれる便利な概念として、広く支持されよく使われるようになったのだ。

高楠もまた、こうした流れに掉さす主張を繰り広げていたのだと、まずは評せる。女性はこれまで以上に活発に学び積極的に社会貢献すべきだが、その際には、彼女たちが母性愛を十分に発揮しつつ、家庭や社会を改良するのが肝心だと述べていたわけである。

しかしながら、彼の母性愛に関する議論には、単に女性固有の能力や役割の強調というのに限定されない側面もあった。それは、「母性（愛）」の概念とほぼ同時期に日本で人気を博すようになった、

「相互扶助」の思想の超克(ちょうこく)という趣旨である。

相互扶助とは、読んで字のごとく、人々が互いに助け合うことだ。産業革命後に顕著になる共同体の解体や貧困問題の発生への対応という脈絡で、その必要性が頻繁に論じられるようになった。代表的な論客に、ロシアの思想家クロポトキン（一八四二～一九二一）がいる。彼は弱肉強食的な生存競争（適者生存）の考えを批判し、人間も含めた生物の進化は、個体が互いに支え合い協力し続けることによってのみ可能になると主張した。こうしたクロポトキンの思想は、アナーキストの大杉栄(おおすぎさかえ)らによって特に一九二〇年代の日本で熱心に紹介され、資本主義のとめどない進展による経済格差や社会の分断を是正したい人々に、好んで受容された。

高楠は、仏教者の立場からこの相互扶助の思想に共鳴した人物の一人である。彼は、西洋文明は生存競争の原理を主な原動力として発達したと解釈し、その弊害に対処するためには、相互扶助の精神が必要だと考えていた。一方で、相互扶助にもまた限界があると彼は理解し、その限界を乗り越えるのが、生命に本能的に備わった母性愛にほかならないと信じた。たとえば次のように論じている。

生存競争から起る世間の事は、取るということ、得るということが主眼である。取って自分のものにしたい、というのである。相互扶助の為にすることは、取るのではなく与えるのである。愛は取るのではなく与えるのである。男女の愛は相互愛である、互に与えるのである。与えるのではあるが相互愛はこの方から五分与えれば、先方からも五分を取ることを要求するのである。然るに母性愛はそれと全く違って、自然を最もよくあらわして居るものである。母性愛は与えるのみで少しも取ることを期待しないのである。最早(もはや)相互愛でなく無限愛である。絶対愛である(「女性美」)。

資源の奪い合いである生存競争でも、与え合いである相互扶助でもない、一方的に与え続ける生命活動としての母性愛。これは人間の「自然」に根ざした表現であるから、女性においてのみ発動する愛のかたちではないはずだ。生物の一種としての人間に組み込まれた、万人に共通する心の働き方の一つであると考えるべきだろう。

すなわち、高楠にとって「母性愛」という言葉は、女性の生き方を方向付ける理念であると同時に、あるいはそれ以上に、惜しみなく他者へ尽くすという、普遍的な利他の原理を意味した。そして、その利他の原理は仏教の根幹をなす思想であるとも、彼は確信していた。「仏教はこの母性愛に根本を置いて教を立ててある」と述べる通りだ。母性愛は仏教用語では「慈悲」や「恩」といわれるとも説明している。つまり、彼にとって母性愛を語ることとは、生存競争を克服し相互扶助も超えた、仏教の最も重要な思想を伝えることに直結していたのだ。

高楠が母性愛を強調して止まなかった背景、そこには、時代思潮への同調というだけではなく、仏教にもとづく人間形成を推進したいという、彼の教育者としての一貫した意志と理想があった。

3　仏教の芸術化

高楠の教育事業には、各種の芸術活動が寄り添う事例が少なくない。文芸、絵画、演劇のほか、とりわけ音楽を通した感性や知性の洗練を彼は尊び、これらの芸術を積極的に実践するよう、若者たちに求めていたのだ。

なぜ芸術を重視したのか。その根底には、本書の第三章で解説した、理想と人格の関係をめぐる彼の基本的な認識があった。

我々は自己の人格に相応したる理想を形づくる。而して理想に依て我々の人格は向上するのである。理想は内に於て人格を向上せしむるのみならず、外に向ってその人格を各方面に顕わさんとするのである。この努力の結果を名けて芸術と云うのである（『宇宙の声としての仏教』）。

各自の理想に導かれた個々の人格が、自己の外側へ向けて表現される際に創造されるもの、それが「芸術」であるというわけだ。ゆえに音声、身振り、文字、線や色など、一定の知覚可能な形態をとる芸術において、その作者の内面にある理想の性質と人格の実態が、すべて露わになると彼は見なす。

「学術は一般化するが、芸術は個性化する」

高楠によれば、教育は学術と芸術の二つの方面に大きく分かれる。自己の外側にある客観的な知識を自らの内側に反映させるのが学術であり、反対に、自らの内側にある主観的な理想を自己の外側へと表出するのが芸術だ。すなわち「学術は一般化するが、芸術は個性化する」。最も効果的な教育は、この両面をバランスよく追求することで達成されると彼はいう。学術ばかりで芸術の足りない人間は味気なく、芸術に傾き過ぎて学術を欠く人間は何に対しても無理解になるのだから。

したがって、人を育て上げるためには広義の芸術活動が必須である。高楠はそうした信念のもと、とりわけ仏教を介した芸術の開発と普及に尽力した。すなわち「仏教の芸術化」。もっぱら学術としての仏教を専門とした彼は、他方で芸術としての仏教の推進にも余力を注いでいたのである。

戯曲・狂言・批評

高楠自身による芸術活動としては、たとえばインドの仏教演劇の台本の翻訳・刊行がある。それはサンスクリット語で書かれた珍しい仏教劇本「ナーガーナンダ」という作品で、訳文が一八九七年の『反省雑誌』に連載された。また、この訳文を編集し直した著作が、一九二三年に『印度仏教戯曲　龍王の喜び』と題して世界文庫刊行会から出版されている。

劇の主人公は、インドの雪山に棲(す)む半神半人の部族の王子。彼の恋愛や結婚、死と再生の物語が、自己犠牲や慈悲の精神、神々への賛美などと共に描かれる。訳書の後書きで高楠は、訳文は直訳と意訳が混在しており、劇本としては読むに堪えない部分もあると思うが、その拙劣(せつれつ)さによって作品の意義を見失わないで欲しい、と述べている。自身の専門である経典の翻訳とは異なり、戯曲を扱うのは不得手であると自覚していたようだ。

専門外の分野での試みとして、彼は狂言の創作に取り組んだこともある。先述（本書第二章）の通り一九〇四年の日露戦争に際し末松謙澄らと英国へ赴いた彼は、その長い航海の途中、狂言「鷲狩」を作曲して船上で上演し、自らも舞ったのだ。舞台に登場するのは題目にもある鷲などの動物（擬人化されている）だが、鷲がロシア、猿が日本を象徴するというように、明確に日露戦争を意識した作劇であった。猿から「やるまいぞ、やるまいぞ」と追い込まれる鷲が「ゆるしませ、ゆるしませ」といいながら退場するといった趣向で、戦争の勝利が予祝されている。狂言の台本は『読売新聞』にも掲載された。あくまでも素人芸ではあるが、高楠の古典芸能に関する一定の教養が知れて興味深い。

一方、彼は他人の創作物に対する手厳しい批評を行ってもいる。作家の倉田百三による戯曲『出家とその弟子』（一九一七）への批判である。親鸞とその弟子たちを登場人物とするこの倉田の著作は、青年層や教養人を中心に多数の読者を獲得し、また帝国劇場などで上演もされて大評判を得た。近代日本における仏教系のフィクションを代表する作品だ。その内容を断じて認めなかったのが高楠で、一九二二年に『真宗の信仰と戯曲『出家と其弟子』』（大日本真宗宣伝協会）を出版し、倉田の創作の何が問題なのかを丁寧に評している。

高楠の批判の要点は、この作品が親鸞という僧侶ないし浄土真宗の開祖を主役としているにもかかわらず、「恋愛」をテーマにし、また「祈り」という言葉を登場人物に繰り返しいわせていることにあった。とりわけ彼が問題視したのは、後者のほうだ。無神論の宗教である仏教あるいは真宗は、神仏への祈り（祈禱）ではなく、個々人の自己修養にこそ重きを置く。こうした彼の見解に、作中で「祈り」を何十回も連呼する倉田の戯曲の内容は真っ向から反していた。高楠によれば、親鸞を描いているはずの倉田の作品は、むしろキリスト教の信仰を伝えようとしているかのように読める。仏教学者であり真宗の信徒でもある彼にとって、この混同は許し難いことであった。

こうした作品批評には、仏教の芸術化に対する彼の基本的な認識がよく現れている。すなわち、単に作品の素材として仏教を扱うだけでは、仏教の芸術化には決してならない。そうではなく、仏教の教義や精神を歪めることなく創作に昇華させることが肝心なのだ。

そうした芸術観にもとづき、高楠は一九三五年に「日本仏教劇協会」の後援会の委員長を引き受けている。これはハリウッドで活躍した日本人初の国際映画スター、早川雪洲（一八八六〜一九七三）が立ち上げた劇団だ。この頃は帰国し日本で活動していた早川は、仏教への関心を高めており、日蓮を主役とする映画『国を護る者日蓮』で主演を務めるなどしていた。その早川による仏教を主題にした劇団の支援を、既存の仏教演劇に満足がいかなかった高楠が買って出たのである。

同年、劇団は第一回公演として「大釈尊劇　四海の光」を東京の日本劇場で初演。座長の早川が自ら釈尊を演じた。舞台は好評を博したため、大阪、名古屋、九州、四国と全国を回った後、朝鮮、台湾、満州でも巡演している。客席は連日満員であったが、雪洲のマネージメントをしていた人物が収益をすべて持ち逃げするなどの災難に見舞われ、劇団は一年足らずのうちに終幕した。

ルンビニー合唱団と「新仏教音楽」

高楠が関与した芸術活動としてほかに特筆すべきものに、ルンビニー合唱団がある。先述の通り、一九一八年に神田三崎町で結成された青年男女の音楽サークルだ。

その結成の背景には、彼の学生時代からの盟友、櫻井義肇（さくらいぎちょう）による「新仏教音楽」の提唱があった。高楠と同じく「新しい仏教」を求めていた櫻井は、読経や声明（しょうみょう）、御詠歌（ごえいか）などの伝統的な音声表現に、かねてから不満を覚えていた。一方で、仏教にもとづく芸術が、西洋音楽やキリスト教の讃美歌の単なる模倣に終始することも好まなかった。伝統仏教とも西洋文化とも異なる、独自の新しい仏教音楽の開拓を彼は求めていたのだ。

ルンビニー合唱団は、この櫻井の「新仏教音楽」の理念をもとに組織され、高楠もその顧問となり活動を支えた。ただし、合唱団の活動が本格化するのは、一九二四年に仏教女子青年会が組織されて以降のことと思われる。もっぱら仏教青年会と女子青年会の若者らが歌い手となるかたちで、活動が推進された。

作曲家・指揮者には、『春よ来い』など数々の童謡で有名な弘田龍太郎（ひろたりゅうたろう）（一八九二〜一九五二）を迎えている。当時の新進気鋭の西洋音楽家であった弘田は、邦楽への造形も深く、櫻井の理念を実現するのに適当な人材だと判断されたのだろう。

合唱団の第一回試演会は、一九二六年三月に東大の仏教青年会館で開催された。曲目には、エドウィン・アーノルドの詞に弘田が曲を付けた「The Sunrise Comes!」や、九条武子(くじょうたけこ)の歌にやはり弘田が作曲をした「無憂樹(むゆうじゅ)の花」などが採用されている。また、同年六月に第二回、翌年三月に第三回の試演会が行われた。この三回目の試演会に参加した女性の感想が『アカツキ』三巻四号に掲載されており、「九条武子夫人作歌「合掌」は梵唄(ぼんばい)のふしを参考して作曲なさいましたのだそうですが、さすがに仏教の音楽らしさをしみじみ味へる曲でした。同じく「静夜」は軽いもので聴く人の心がやさしく和んでゆくようでした」などと書かれている（「ルンビニーコーラス第三回試演を聴く」）。

一九二七年四月七日の高楠の日記には、「夕ラヂオにてルンビニ合唱団放送す。成績良好なり殊(こと)に桃井直子独唱可也」とある。合唱団の歌声は、夕方のラジオ放送を介して日本全国に届けられていたのだ。ちなみに、高楠はその前日の明け方、三男の増男を病気で亡くしている。七日の日中は弔問客への対応や火葬場までの遺骸の付き添いをしており、帰宅後にラジオから流れてきた知り合いの若者たちの歌声は、彼の心を芯から慰めたことだろう。

合唱団は、提唱者である櫻井の急逝（一九二六年七月）や、高楠の大蔵経刊行事業による多忙、弘田のベルリン留学（一九二八〜二九）などにより、やがて自然消滅する。とはいえ、高楠は合唱団の支援以外でも、仏教芸術上の音楽の役割を大事にし続けた。弘田に作曲してもらった「清風宝樹」などの仏教賛歌を、女学校の生徒たちに歌わせるだけでなく、自らも普段から愛唱していたのだ。「清風宝樹」の歌詞は親鸞の『浄土和讃』からの取材である。次のような歌だ。

清風宝樹をふくときは
いつつの音声いだしつつ
宮商和して自然なり
清浄薫を礼すべし

極楽浄土では、きらきらと輝く宝石が散りばめられた樹々のあいだを、清らかな風が吹き抜ける。その時、五つの異なる高さの音が流れ出て、人間界では不協和音を奏でるはずのそれらの音が、調和した自然な音色を響かせる。風はまた、汚れなく清らかな香りを運んでくる。このような美しい世界を創造してくれた如来に対し、皆で感謝を捧げよう――。

不協和音ばかりの世の中に、いかにして調和と平穏をもたらすか。これは学者や教育者としての高楠の、生涯の終わりなき課題であった。七十代の晩年に入った一九三〇年代の後半以降、その課題はますます切実さを増していく。再び戦争の時代が始まったのだ。

第五章　「新文化」の創造

武藏野女子學院高等女學校

壮行ノ辞

我等ノ敬愛スル諸姉ハ此決戦下航空
機増産作業ニ参加スルタメ近ク入所
セラレントス 諸姉ノ光榮洵ニ大ナリト云フベシ
諸姉願ハクハ其ノ責任ノ重大ナルヲ念ヒ一意
専心ソノ任務ニ邁進セラレンコトヲ、茲ニ在校生
一同ニ代リ一言以テ壮行ノ辞トス

昭和十九年五月二十七日
武藏野女子學院高等女學校
在校生代表 奥田嘉代子

武蔵野女子学院勤労報国隊への
壮行の辞（1944 年 5 月 27 日）

1　老年の挑戦

ハワイ大学での教授と学習

一九三八年八月二十三日、高楠（たかくす）は日本からハワイへと向かう船上で、日付変更線を越えるという経験を生まれて初めてした。日にちが一日戻るので、翌日もまた八月二十三日。こうして東半球と西半球とで同じ日を二度迎えることになった彼は、されど、個々の人生において同じ日は二度と繰り返されず、青春の日々が再び戻ってくることもない、という現実を改めて痛感する。七十二歳の老境の感慨であった。

その時、高楠はハワイ大学で教授職を務めるための旅の途上にあった。二年前、彼は同大学の総長からこちらで教鞭（きょうべん）をとってほしいとの依頼を受けていたが、日本での出版や教育による多忙を理由に断っていた。しかし、同大学の東方学院主任であるシンクレア教授が、翌年に来日して楽山荘にいた高楠を訪ね、ハワイでの講義を面と向かって懇願する。「東西交流の十字路」と称されるハワイで、仏教の内実を是非とも講じてもらいたいというのが、シンクレアの真摯（しんし）な訴えであった。その講義により東西融和の将来的な可能性が示されるだろうという、大きな期待が込められていた。アメリカの大学でこれから教授を務める者には、すべからく仏教を知っておいてほしいという考えも、彼にはあ

ハワイへの船出（1938年）

った。

高楠はこうしたシンクレアの熱意あふれる要望に応じ、一九三八年九月から翌年八月までの一年間、ハワイ大学の客員教授として教壇に立つこととなった。「仏教哲学」や「仏教の日本に与えた影響」といった講義を行ったほか、サンスクリット語の基礎を教えている。学生はもっぱら学部の卒業生や大学院生、そして同大学の教授たちであった。

高楠が英語でまとまった数の授業をこなすのは、これが初めての経験であり、非常な苦労を伴った。とりわけ日本の仏教の教義について初学者向けに解説するのは、適切な語彙の選択からして悩ましく、骨の折れる思いがした。当時はまだ、英語で書かれた日本仏教に関する本があまり存在しない時代であった。ちなみに、この高楠の仏教講義はハワイ大学の教授らの編纂によって、*The Essentials of Buddhist Philosophy* と題して彼の死後の一九四七年に出版された。同書は、現在もなお定評のある日本仏教の入門書として版を重ねている。

サンスクリット語の講義も労が多く、彼は様々な本から選出した字引のようなテキストを自ら作成して配布し、個々の生徒（主に大学教員）を手取り足取り丁寧に教えた。かつて東大で日本の若い学生たちにこの難解な言語を教授していた頃の記憶が鮮明によみがえり、懐かしいような心持ちになった。苦労のかいあって、生徒たちは曲がりなりにもサンスクリット語を読めるようになった。

一方、ハワイ大学での高楠は教師としてだけではなく、生徒としても過ごした。彼のサンスクリット語の授業に出ていた中国人の陳(ちん)教授から、逆に中国語の基礎を教わっていたのだ。陳教授の教え方は厳しく、授業に出るごとに疲労困憊したが、高楠はまるで四、五十年前の留学時代に戻ったような気分で、新しいことを学ぶ喜びを久しぶりに味わった。ハワイ滞在中に日本の仏教婦人会へ宛てて送った手紙に、次のように書き記している。「何かの役に立つと思い寸暇(すんか)をぬすんで支那語（中国語）の勉強を始めてゐます。老人の僕でさえこの通りだから仏教婦人会の皆さんも大いにガンバッて貰わにゃ困ります。もうこの年では…なぞ云(い)うて自から老ぼれたり尻込みしたりすることは禁物ですゾ」（『読売新聞』一九三八年十二月十七日付）。

東西哲学者会議への参加

一九三九年の夏には、ハワイ大学が主催する東西哲学者会議（East-West Philosopher's Conference）が開催される。アメリカ各地から夏季休暇中の学者たちが集い、講師は、イェール大学からノースロップ（哲学的方法論）、ミネソタ大学からコンガー（インド哲学）、ハワイ大学からムーア（西洋哲学）と陳（中国哲学）そして高楠（仏教哲学）という教授陣が務めた。なお、この会議には日本から禅仏教の専門家として鈴木大拙（一八七〇〜一九六六）も招聘されていたが、妻のベアトリスが入院していたため参加できなかった（大拙は一九四九年の第二回会議、五九年の第三回会議に出席している）。

会議の期間中、講義は毎日のように行われ、高楠は涅槃や縁起、天台や真言などの大乗仏教の哲学を講じた。また、隔日の夜ごとに三時間を超える討論会が開かれ、それぞれの講義内容に対する質疑応答や批評がなされた。インド哲学や仏教について、学問的な出自の異なる者たちが侃々諤々の議論を戦わせたわけである。高楠も述べる通り、「仏教が始まって以来、西洋の哲学者と対面して互いに思想を交換するということは、公にやったことはこれが初めて」のことであり、仏教の歴史上、画期的なイベントとなった（「ハワイより帰りて」）。

討論をしているあいだ、高楠と特に意見がよくあったのがノースロップで、「お前のいうことは初めから終わりまで筋が通っている。お前は哲学をもっているか」という彼からの問いに、高楠は「仏教が筋が通っているのである」と答えたという。また、会議の閉会に際しノースロップは「われわれの論理の哲学は行き詰まる時期がある。その場合にこの行き詰まりを打開するものは東洋の仏教である」という趣旨の話をし、これを聴いた高楠は、我が意を得たりと感激した。ノースロップはもともと、「東洋の哲学には論理がないから仏教は迷信」という考えの人であったので、高楠の講義や彼との対話から受けた影響は少なくなかったようだ。

会議の成果は、*Philosophy East and West* という直截（ちょくせつ）なタイトルで一冊の本にまとめられている。一九四六年にプリンストン大学から刊行されたが、洋の東西の哲学対話にもとづく研究業績としては先駆的なものの一つだろう。

日系移民との交流

ハワイでの高楠の活動拠点は大学であったが、一般向けの講演なども積極的にこなしている。千人規模の大きな公開講演を一年のうちに三十回ほど行い、小さな会も含めれば百回以上の演説に取り組んだ。渡航前、彼はハワイ経験のある知人から、「ハワイへ行って長い話をしてはならぬ、四十分以上は聴かないから」と助言されていた。しかし、二時間以上の話をしても聴衆は飽きずについてきてくれたので、講演は毎回だいぶ長引いた。

講演会のほかに、数日間にわたって集中的に指導する講習会も計八回、催された。そのうち三回はキリスト教徒の人々を対象としたものであったが、受講者の中には仏教に改宗する者もいたという。

ハワイ本願寺別院での物故名士追悼会（1939年）

こうした成功体験から自信を得た高楠は、東西文化の融和のために必要な文化としては、やはり仏教がベストであるとの確信に至る。

また、ハワイには日系移民が多数おり、開教使（布教のために日本から派遣された僧侶）も西本願寺系を中心に活動していたので、彼らと交流する機会も多かった。各宗派の開教使を四十人ほど集めて特別講習会を開き、また日系二世の仏教徒ら数十名による座談会を設けて意見交換をするなどした。そうした交流を続けているうちに、高楠は開教に尽力した人々の足跡を探りたくなる。そこで、東西交流の十字路をこれまで歩んできた先輩たちのもとを、できる限り訪問するようにした。

本願寺別院のあるヒロへは、飛行機に乗って移動した。一時間半ほどの短いフライトであったが、高楠にとってはこれも初めての体験であった。当日の日記には「大空を飛行するハ恐れざる心地するかと思いしにいつも低空を走る如くに感ぜられ毫も怖気なきハ意外也／爆音ハ耳に響き話し声も聞えぬ位なるが之が耳に感ずること甚しく着後半日位ハのぼせ気味也」とある。

ヒロ別院に到着すると、輪番（別院の統括者）の夫人が広島の出身で、さらに理事から世話人まで広島の人が多かった。みな広島言葉でしゃべっており、聞けばハワイの真宗信徒では広島出身者が最も多数を占めるという。この状況を受けて高楠は、「真に「ヒロシマ」へ来た心地がした」という些細なジョークを述べている（「ハワイ管見」）。

霜子の逝去

ハワイ滞在中、留守にしていた日本のほうで哀しい出来事もあった。帰国の日が近づいていた一九三九年八月十三日、妻の霜子が死亡したのだ。胆石症から腸閉塞に変じての急逝であった。逝去の一週間前に入院しており、すぐにハワイの高楠のもとへ電報が送られた。これに対しては角砂糖にレモン汁を搾って飲むようにとの返電を彼はしている。しかし病状は回復せず、十一日には日本からの追っての報せがあり、すぐに「カマクラマル〔鎌倉丸〕　カエル　バンジ　イシノ　ショチニマカス」と返電した。

ハワイ時間の十二日午前四時前、寝室で眠っていた高楠はひどくうなされる。それとちょうど同じ時刻に、霜子は息を引き取った。

その日から日本へ出立するまでの約十日間、ハワイで交流した人々からの送別会の誘いが複数あっ

金婚式（1937年）

たが、喪中を理由にすべて辞した。そのお蔭でハワイの残りの日々も、ひたすら勉学に費やすことができた。こうした経緯を振り返りつつ、「死後まで私を助けた妻に感謝し、私は非常に喜んだ」と彼は述べている。

この年には、ほかにも大谷尊由、岡本かの子、小野玄妙、宝閣善教、三上参次ら、高楠の友人や同志たちが次々と亡くなっている。死の影を身近に感じる日々であった。

それでも、仏教や学問に対する高楠の鉄の意志は微塵も揺らぐことがなかった。九月二十九日には帰国した高楠のために歓迎祝賀会が上野精養軒で催され、二百名弱が出席。彼はハワイ大学での活動報告を一時間にわたって行った後、締めくくりにこう述べている。「我々は釈尊の二大偉業たる弁証法と禅定を通じて仏教の全貌を世界に知らしむるべく努力すべきで、これこそは仏教学徒に課せられた国家人類への最大義務だ」（『読売新聞』一九三九年十月三日付）。古希を過ぎてからの外国での初めての授業や哲学対話の経験は、世界と日本の未来を見据えた、さらなる挑戦を続けるための大きな糧となったのだ。

2　拡張する東洋

東西思想の統合と「東洋」再考

ハワイからの帰国後、高楠は「新文化」という言葉をしばしば口にするようになる。新たな時代の思想と現実に呼応した、来るべき文化を構想していたのだ。

とはいえ、その新文化の構想は、何もないところからまったく新しい文化を創造する、といったものではもちろんない。仏教学者である高楠にとって、新文化の基盤として考えられていたのは、まずもって東洋の思想と伝統、とりわけ仏教であった。仏教を中心として、東洋的なものをいかに再編成しながら今後の文化を形成していくべきか。そうした問いをめぐり思考と実践を積み重ねていくことが、彼の最晩年の課題であったといえる。

課題への応答は、おおよそ二つの方向性で展開された。第一に、洋の東西の思想を、特に東洋思想や仏教の意義を強調するかたちで融合させること。これは直接的には、ハワイで東西哲学者会議に出席して長時間の議論を行い、また現地での仏教布教に一定の成功を収めた経験が呼び水となった取り組みである。一方で、東洋思想の精髄（せいずい）である仏教を西洋にどう浸透させるかというのは、高楠にとっては積年のテーマであった。その長年の問題意識が、ここで東西思想の統合という主題に集約されたのだ。

第二の方向性は、東洋的なものの内実や輪郭を改めて明確にすることである。一口に「東洋」といっても、インド、中国、東南アジア諸国、日本など、どこに焦点をあわせるかによって、その捉え方は大きく変わってくる。では、これからの時代における「東洋」とはいったい何か。この点をやはり仏教を中心にして検討し直す作業に、高楠は着手した。

このうち特に第二の点については、当然のごとく、日本による対外戦争の時代という背景を抜きにしては決して語ることができない。一九三七年七月に開始された日中戦争と四一年十二月以降の太平洋戦争、その戦時下にあって、東洋（アジア）をどう理解するかというのは、常に政治的な論点を含み込まざるを得ない問題であった。戦前のアカデミズムの頂点的な人物の一人であった高楠には、政府あるいは軍部から、仏教（宗教）の視点から現代アジアをどう把握すべきなのかという問いが投げかけられていた。「新文化」の構想は、その回答の仕方の一つであった。

ただし後述の通り、この時期の高楠によるアジア論を、すべて戦時下の時代状況に還元して説明することもまたできない。仏教世界としてのアジアの多様性をどう考えるかというのは、昭和の戦争が始まるよりもずっと以前から続く、彼の一貫したテーマであったからだ。

「応理性」と「現観性」

高楠の晩年の講義をまとめ戦後に刊行された著書『新文化原理としての仏教』（一九四六）は、彼の学者人生の一つの到達点となる業績だ。仏教史の全貌を見渡しながら、インドの釈尊に始まり歴史のなかで複雑に分岐した各宗派それぞれの教理を、哲学的な観点から分析している。一方で、その分析から抽出された見識を、東西の思想を統合させ、新たな文化や文明を築くための理論へと昇華させようとも試みている。その試みはあくまで展望のレベルに留まり、彼の死により途絶した印象は否めない。しかしながら、そこに記録されている見解の断片は、現在もなお一考に値する。

西洋では「理」を用い、東洋では「道」を求める。これが高楠による東西比較の基本的な観点だ。何事に対しても論理や数理を応用するのが西洋的な知性であるのに対し、東洋的な生活の知恵は、内的な体験の道程をひたすら歩む。是か非かの議論の積み重ねにより対立や差異を際立たせる「理」と、「平等観・一体感に立ち、主客を一にし、内外を分たず、自他を一視し、一多を相即し、人間と自然とを一連続体とする」ための心の働きを追求する「道」。高楠はこの二つの相反する精神の運動を、「応理性対立観」と「現観性一体感」の相違とも言い換えている。

いずれにせよ、この両者の調和と活用こそ、これからの世界を生きる人間には欠かせない心の態度であると彼は主張する。そして、後者の「現観性」の思想を最大限に発揮しているのが、仏教にほかならないと断言する。知識の多さや論理の鋭さに訴えて満足する「分別智（ふんべつち）」の範囲を超えた、「大悟（たいご）徹底（てってい）」の知恵の極致を示してきたのが、仏教なのだ。仏教の知恵は、基本的に「内験から内観に進み、尚一層深く自内証（じないしょう）に入り、体得し、証得したものに基づく」。つまり、客観的な知識や論理だけでなく、個々の身体と心による確証を通した時に初めて、その知恵は獲得されるというわけだ。そうした徹底した内省による「道」の探究は、「理」が生み出しがちな対立や差別を無化する場所へと我々を導いてくれる。

とはいえ、精神の深みを掘り下げるばかりで、現実世界の理性的な開発を怠ってしまうのは、明らかな間違いだ。高楠は、精神性に傾斜し過ぎた東洋人の例として、インドのガンディーを挙げる。インド支配を続ける英国の物理的な力に抗うため、自らの生命という物質すら犠牲にする覚悟で不服従の精神を示したガンディーだ。

この「物質文化なき精神文化」の極北をなす求道者ガンディーとは反対に、「精神文化なき物質文化」の一例として言及されるのが、「ロンドンの経済家」である。このエコノミストは、戦争は勝っても負けても経済機構を乱すという見方から戦争反対の論陣を張っており、高楠にいわせれば、こちらは物質の増減のみに固執した発想に侵されている。どちらもバランスを欠いているのだ。

彼の見るところ、今日の世界の動向は、確かに物質的な繁栄をもたらす「応理性」の思想を最大限に活用した西洋が、東洋より一歩も二歩も進んでいる。西洋由来の科学や技術の人間生活への重みは、甚だしく増大する一方だ。「しかし、第一次世界大戦の頃から応理性の一辺のみに傾いた科学思想を以てしては、果して哲学の根本問題をとかれ得るかという反省を呼び起こした」。その結果、仏教思想にも通じるところのある、ホワイトヘッドやベルクソン、フッサールやディルタイなどの、生成変化する自然や人間の生そのものに密着する哲学が隆盛してきた。

まさに今、「応理性対立観」に偏向していた西洋が、「現観性一体感」の重要性を自覚し、東洋思想に接近しつつあるというわけだ。したがって、これまで西洋の科学や技術に学び続けてきた東洋の国々とりわけ日本とも、その問題意識が図らずも交差するに至った。そうした現状を前提として、彼は次のように論じる。

> 日本が目標とする所も、現観性と応理性との両刀であるが、西洋の企図する所も、同じ両刀を得んとして居るのである。東西思潮の合流は、茲に実現し得らるる機縁が熟したのである。（中略）この両刀は世界文化創造の二大原動力であることは、争うべからざるものである。若しその一方に偏する時は、自ら文化を破壊するに至るも亦免るべからざる所である。両刀を均等に振り廻し得るもののみが、来るべき世界を支配し得るものである。

こうした高楠の意見には、疑いようもなく、日本と欧米が覇権を争っていた時代の雰囲気が刻印されている。しかし他方で、彼のいう「現観性」と「応理性」の両立という目標が、西洋社会にとっても日本を含むアジア諸国にとっても、依然として実現すべき未完の課題となっているというのも事実だろう。科学技術による生活改善や経済発展と、個々人の精神性の涵養(かんよう)や心の安寧の追求、これらが完璧に達成されている国や社会は、現在もなお皆無である。

あるいは、これはそもそも、人類の永遠の課題であるとすらいえるかもしれない。「理」による対立や差別の発生を、いかなる「道」のなかで解消し、国家間の平和や、自己と他者あるいは人間と自然の「一体感」を構築しうるか。こうした問いは、知性的で分析的な「理」と感性的で体験的な「道」を共に駆使する必要のある人間がこの世に存在する限り、いつまでも終わることのない課題であるに違いない。そして、その課題の解決を模索する際、東洋の「道」の思想のうち最大規模の伝統を有する仏教が、極めて重要な参照先となる可能性があることもまた、決して否定できないように思える。

南伝仏教と北伝仏教

そこで再確認しておく必要があるのが、仏教とその思想の多様性という要点だ。仏教には様々な系統や宗派があり、そこには言葉による説明の仕方の違いだけでなく、思想が受容される地域や国民ごとの変異も少なくない。個別の経典や教義のみならず、風土に即した生活文化としても、仏教はまったく一様ではないのだ。『聖書』や『クルアーン』を絶対的な規準とするキリスト教やイスラム教などと比べ、その多種多様さは著しい。

「新文化」を構想する高楠は、アジア各地に拡散した多彩な仏教の系統を、改めて統一的に把握しようとした。その際に彼の意識が強く向いていたのは、「南洋」（東南アジアやミクロネシア）の方面である。本書の第三章で論じた通り、いわゆる「南伝仏教（小乗仏教）」がおもに根付いた地域だ（大乗仏教も伝播しているが信仰は十分に継続されずおおよそ遺物と化した）。その南伝仏教を、日本を含めた東アジアの主流をなす「北伝仏教（大乗仏教）」と合流させ、東洋思想としての仏教の可能性を極限まで高めること。そのためにも、高楠は南洋の宗教と文化に関する知見を深め、得られた見識を日本に広めようとした。

日本の仏教に馴染んだ人間にとっては、特に「小乗仏教」と認識されてきた南伝仏教をどう評価するのかが、一つの大きな問題であった。そもそも「小乗」という名称自体、北伝の大乗仏教からの蔑称――救われる人間の範囲が小さいという意味――であり、そこには明らかな差別と断絶がある。この懸隔を乗り越えるには、まずもって双方の特色をよく理解しておく必要があろう。

高楠は「形式派」と「理想派」という表現を用いて、南伝仏教と北伝仏教の相違を論じる。形式派の南伝仏教は、釈尊の定めた戒律を忠実に実行し、経典の言葉を一言一句も変えずに伝承することを重んじる。それに対して、理想派の北伝仏教は、戒律や釈尊の言葉に必ずしも拘泥せず、ブッダの精神を自由に討議し、緻密に思索する。この二つの流派の違いは、とりわけ戒律の運用という部分によく見える。

彼の形式動向は、戒律に於て最も著しく顕はれて居る。これを正しく履まないものは、仏教に背くもので非仏教者であるとする。北方仏伝の理想派から言えば、戒律二百五十戒の一々を正しく履んでも、その精神に於て仏の理想に背反するものがあれば非仏教者であるとする。ここに両者の隔異は歴然として存在するのである（『大東亜海の文化』）。

戒律は、食や性など、個人の生き方の根本的な部分を規制する。ゆえに、宗教を実践する上でこれをどう受け入れるのかの相違は、それぞれの流派に属する人々のあいだに決定的な距離を生み出す。高楠は、その距離の縮め方について、明快な答えを提示してはいない。とはいえ、まずは両者のあいだにある確たる差異を自覚し、それを具体的によく知るところから相互の理解は始まるというのが、彼の基本的な認識であった。

戦時下の精神的交流

高楠が南洋の宗教（仏教）に強い関心を向けていたのには、もちろん、日本を中心とする「大東亜共栄圏」の建設という、当時の国策との連動があった。政府のいわゆる南進政策に呼応した動きであり、学者としての国家貢献の一種である。

この時期、それまで大半の日本人にとって縁遠かった南洋の宗教文化を知るために、多くの仏教学者や宗教学者らが国家的な活動に動員されていた。東南アジアやミクロネシアでの現地調査や、南洋に関する知識を授けるための教育事業、関連著作の刊行に、学者たちが各自の専門を活かすかたちで関与したのだ。高楠もまた、文部省（教学局宗教課）からの依頼を受け、『大東亜に於ける仏教文化の全貌』（一九四四）という資料集を刊行している。

ただし、彼の南洋への関心は、「大東亜共栄圏」の時代に急に芽生えたものではない。遡れば二十代の留学時代から、この地域の仏教に対する彼の知的関心は高かったのだ。

すなわち、留学時代の彼の代表的な業績である『南海寄帰内法伝（なんかいききないほうでん）』の英訳は、高楠に南洋の宗教文化の重要性を気づかせた。また、留学によって解読できるようになったパーリ語の仏典＝南伝仏教の聖典の内容を日本に紹介したいという意欲も、彼が若い頃から抱いていたものだ。その願望が全六十五巻（七十冊）の『南伝大蔵経（なんでんだいぞうきょう）』（一九三五～四一）の出版に結実したことは、本書の第三章で述べた通りである。戦時下の日本政府の方針が、こうした高楠の南洋への思いを強化したのは間違いない。だが、それは単に国策への追従という安直な身の振り方ではなく（当時、そうした安直さを露呈する学者や仏教者は少なくなかった）、むしろ彼の長年の課題の追求に、時局ゆえのドライブがかかったと見るほうが適当だ。

たとえば、彼は一九四一年二月、完成したばかりの『南伝大蔵経』を、愛弟子の山本快竜（やまもとかいりゅう）を介してタイの王室に送り届けている。この出来事を事前に報じた読売新聞の取材に応え、高楠は次のように発言した。

四十余年間の宿願をやっと果したわけだ。タイ国にとっては南伝大蔵経は国教であり最高の聖典なのだから私たちの完成した日本語版が日泰両国親善の上に少しでも貢献するところがあれば学徒としての本望これにすぎるものはない（『読売新聞』一九四一年一月三十日付）。

先に述べた通り、東南アジアの南伝仏教と日本の北伝仏教とでは、戒律の運用などをめぐり大きな断絶があり、同じ仏教国とはいえ、精神性の深いレベルで通じあうのは非常に困難である。それでも、互いの聖典の尊重という方法によって、相互の歩み寄りも少しは可能になるのではないか。どこまでも仏教学者である高楠は、そうした異なる信念や信仰を持つ者同士の接近による、新しい東洋のあり方を探索していた。

もちろん、その精神的な交流や理解を構築するためのアジアの圏域は、物理的な力と力が衝突し合う戦場と化しており、日本政府の活動に協力していた彼自身、その苛烈な闘争の一端を担っていたという事実は否めない。

しかし他方で、彼が直面していたのは、誰もが当事者として巻き込まれざるを得ない、総力戦という現実である。その不可避の現実のなかで、宗教や文化の差異を互いに尊重しあう理想的な「新文化」をいかにして創造しうるか。そうした現実的にはおよそ不可能に思える理想の実現のために、晩年の彼が残された最後の時間と力を尽くしていたことも疑いない。

3　死と敗戦

文化勲章と最後の文

一九四三年二月、高楠は千代田女子専門学校の校長に就任する。翌月には、武蔵野女子学院の校長を辞し、財団理事長の責だけを務め続けた。この頃から戦時体制の影響は高等女学校にも及び、武蔵野女子学院では主体的に勤労奉仕する者たちが目立つようになった。翌四四年には、後述の通り学生たちの本格的な動員も開始される。金属類回収令のもと、学生が身に着ける金属製の校章も刺繡に替わった。

女子学院の施設自体も戦争用に再編されていく。一九四四年三月には戦時託児所が旧弓道場内に設置され、十一月には、校舎の一部に本土防衛の高射砲隊東部一九九一部隊が入った。翌四五年二月には、空襲を回避するため校舎全体に迷彩を施している。もちろん、校庭には至るところに防空壕が作られた。

こうして通常の学校教育が次第に成り立たなくなるなか、吉報といえる出来事もあった。一九四四年四月二十九日、高楠が文化勲章（第四回）を授与されたのだ。日本文化に貢献した功績を称えられ

長男夫婦，孫と共に

てのことであった。

翌月十二日には関係者が少人数で集まり、内祝いの宴が開かれた。酒類の入手しにくい時勢であったが、参加者が各自で持ち寄り、終電の時間まで祝杯を交わした。次いで二十七日には、大東亜会館（東京会館を改名）で十四団体による祝賀会が催される。高楠は主賓の挨拶として、「仏教を研究することが国のためになるという公認を得たことを喜ぶ」と述べた。およそ半世紀に及ぶ彼の研究者としての人生が、これ以上になく祝福された感じのする瞬間であったろう。

同年十月、日本軍が南京で偶然発見した玄奘（六〇二～六四）の遺骨を祀るための塔（玄奘塔）が完成し、そこに納める追悼文を、高楠が書写して南京へ贈った。これが彼の絶筆となる。玄奘は、『西遊記』の「三蔵法師」として仏教史上に名高

文化勲章を受章（1944年）

い学僧で、とりわけシルクロード経由でインドへ旅し、大量の経典を中国に持ち帰りその漢訳に努めたことで知られる。仏教の資料を求めて祖国から遠く離れた場所を訪れ、多数の経典の翻訳に取り組んだという意味で、まさに高楠の大先達に当たる人物である。その偉大な先人のためにふるった筆が、奇しくも彼の最後の文となったのだ。

女子学院で起きた悲劇

一九四四年三月七日、「決戦非常措置要綱ニ基ク学徒動員実施要綱」が閣議決定され、中等学校以上の学徒に、原則として通年での動員が課されることになった。これを受け、女子学院の生徒たちも次々と軍需工場に動員されていった。

六月一日、第一陣として七十三名の四年生が中島飛行機三鷹研究所に入所。それから、翌二日に五年生全員が中島飛行機武蔵野工場、七日に残りの四年生が豊和重工業東京工場、さらに三年生、二年生以下もそれぞれの工場へというように、すべての学生が動員や勤労奉仕を強いられた。かくして、女子学院の校内には生徒たちの影がほぼ見えなくなる。代わって、駐屯部隊の物々しい軍服姿が嫌でも目につくようになった。

十二月三日の午後、アメリカのＢ29爆撃機が中島飛行機工場を狙って来襲する。高高度から三鷹付近を襲撃し、この攻撃で、武蔵工場は半径五キロにわたり二十六発の爆弾にみまわれた。工場の建物は破壊され、鉄骨の残骸だけが残った。

この際、学院の校庭にも六発の爆弾が落下し、その一発が掩蓋壕（軍用機などの装備や物資を敵の攻撃から守るための施設）に命中。内部に避難していた五年生の生徒四名が爆死した。彼女たちは工場での作業中に空襲の警戒警報を受け、学院内に避難していたところを不運にも爆撃に襲われたのだ。国益やプライドを追求する大人たちの理想のために、青春を奪われ命を落とした若年の犠牲者であった。

翌年三月三日、女子学院ではこの四人のために校葬を営み、哀悼した。なお、武蔵野大学では現在も毎年十二月三日に「散華乙女の追悼会」を催し、彼女たちの追悼を行っている。

楽山荘において永眠

一九四四年の秋頃、高楠は長男夫婦と共に武蔵野の地を去り、御殿場の楽山荘へ疎開した。この頃の楽山荘は近隣の学校の軍事訓練に利用されるようになっており、また国内の決戦部隊の駐屯地としても使われていた。

一九四五年四月十二日には、女子学院が再びB29の大型爆弾四発をくらい、校庭に大きな穴があいた。さらに五月二十四日には東京市内に夜襲があり、千代田女子専門学校も焼夷弾の雨を受けて焼失している。同じ夜、小石川関口台町にあった大正新脩大蔵経の紙型が、格納庫もろとも灰燼に帰した。翌々日に疎開先へ送り届ける段取りが整っていたので、関係者の落胆は甚だしかった。高楠の最後の著書『新文化原理としての仏教』の原稿も、火災で焼失した。ただし、こちらは幸い組版が被災を免れたので、戦後に出版が可能になった。

六月二十八日、午前二時十四分。山麓の霧に覆われる梅雨の季節の楽山荘で、高楠順次郎は永眠する。枯木がゆっくりと倒れるような安らかな最期であったという。病名は慢性心臓カタルならびに肺気腫。享年、七十八。

四十九日の後で

翌二十九日、長男夫婦のほか、訃報を聞いて駆けつけてきた鷹谷俊之や長井真琴などの弟子や親しい知人らにより、ごく簡素な葬儀が行われた。その際に困ったのは、誰が導師を務めるかという問題であった。弟子たちを含め僧籍を有する者は何人かいたが、誰も法衣を持っていない。導師の譲り合

葬儀（築地本願寺本堂内）

いが始まったが、結局、弟子のうち最年長の長井が導師となり葬儀が営まれた。その後、火葬場で荼毘に付し、帰ってきた遺骨の前で改めて経文を唱えた。

戦時下とはいえ、一連の儀式は余りにも粗末なもので、参加者たちは心を痛めた。死亡通知の範囲が極めて限られており、交通の制限もあったので、幅広い人脈を持つ大学者の葬儀としては会葬者が約三十名と、かなり少なかった。そこで、弟子たちのあいだで相談し、改めて東京で本式の葬儀を執行することが決まった。開催日時は七月十八日の午後三時からで、会場は築地本願寺。時間を三時に定めたのは、これまで敵機が東京に来襲してきた時間を統計的に分析した結果、最も安全と推定される時刻だったからである。

葬儀（築地本願寺本堂前）

葬儀の当日は曇っていたが雨はなく、蒸し暑く、少し息苦しさも感じられた。準備万端に整えて昼食をとっていた頃、関東各地に約五百の艦上機が侵入し攻撃をしているとの情報が入った。参加者の緊張感は否が応でも高まり、葬儀は異様なまでの厳粛さが漂った。幸い、葬儀は妨害されずに進行し、多くの会葬者を迎えて無事に終了した。なお、これと同じ時間帯には、広島本願寺別院、ホノルル本願寺別院などでの追悼式が、やはり多数の参列者と共に厳粛に営まれた。

四十九日忌は、八月十五日にあたった。この日までに二度の原爆投下もあって国土は疲弊しきっており、疲れ果てて戦意を喪失した国民も少なくなかった。関係者には居所がわからなくなってしまった者も多く、女学院で法要を行うという知らせが、口伝えに広められただけであった。会場に集まったのは、弟子たちを中心にわずか十数名。そこに集まった人だけで法要を営み、各自が持参した弁当を食べながら追悼の座談会を開く予定であった。ところが、参加者たちは正午に重大なラジオ放送があるという話ばかりしており、それゆえ午前中に法要を済ませた後は、皆で一緒にラジオ放送を聴くことにした。

その敗戦の悲報を知らずに来世へと旅立てたのは、彼にとって幸せなことであった。

無常の理想を生きる――エピローグ

高楠の永逝の場である楽山荘は、戦後、後継者のないまま解体され、地域の公民館に建替えられた。荘内の講法堂に祀られていた釈迦像は、近隣の善龍寺に寄贈される。女子教育の充実のために彼が御殿場の保養地に設立した学び舎は、その形跡をほぼ失った。

一方、彼が武蔵野の土地に立ち上げた女子学院は、戦後復興の後押しもあり順調に発展していく。一九五〇年に女子短期大学、六五年に女子大学が設立され、これにより仏教主義にもとづく女子大学を作りたいという彼の念願が、没後にかなった。二〇〇三年には武蔵野女子大学を武蔵野大学に名称変更し、翌年に共学化して現在に至る。男女共学というのは高楠の念頭にはなかった考えだが、時代の推移に適応したかたちの変化だろう。

女子学院の建設と並び彼の最大の仕事となった大正新脩大蔵経もまた、時代の流れに沿う顕著な変化を遂げていった。一九八〇年代末からの仏典のデジタル化の波を受け、ＳＡＴ大蔵経テキストデータベースとしてインターネット空間上に生まれ変わったのだ。「ＳＡＴ」とは、大正新脩大蔵経のサンスクリット語表記（Saṃgaṇikīkṛtaṃ Taiśotripiṭakaṃ）の略号である。最初のバージョンが二〇〇八年に公開され、その後も改良を重ねながらアップデートされ続けている。現在、世界の四十を超える国と地域から年間千二百万件を超えるアクセスを記録し、日本の人文学による成果としては、ほかに類例のない規模の専門的な知の基盤となっている。

大正新脩大蔵経あるいは南伝大蔵経の刊行などによって高楠が日本に広めようとした、釈尊という人間中心の「新しい仏教」はどうなったか。二十世紀前半に彼が仲間や弟子たちと協力して植えたその「新しい仏教」の苗は、二十世紀を通して着実に育ち、現代もなお生長が止まる気配はない。その育成の過程では、特に高楠の孫弟子に当たるインド哲学者、中村元（一九一二〜九九）の功績が大きかったと思われる。初期仏教の経典の現代語訳をはじめとする、一般読者にも親しみやすい中村の著作の数々は、釈尊という偉大な人物に対する日本人の注目をこれまでになく高めてきた。

仏教を学ぶ際、まずは誰にでも理解しやすい釈尊の生涯や教えに触れさせ、そこから進んで、アジア各地で展開した様々な仏教、とりわけ日本で多様に花開いた大乗仏教の極意を知ってもらう。高楠が望んだそうした「新しい仏教」の学び方は、現在では一つの自然な学習の仕方となっている。しかし、それが当たり前のように感じられるようになったのは、高楠らが西洋から輸入し、日本で独自に展開させたインド学・仏教学の研究と教育、出版や啓発活動の積み重ねがあったからである。

東洋の仏教を西洋社会に普及させるという、高楠の生涯の目標についても一考しておこう。かつて仏教に対する信仰どころか認知すらまともに成立していなかった欧米にも、現在では一定数の仏教徒や仏教に共感する人々が存在する。たとえば、アメリカには二〇二〇年の時点で約三百三十万人の仏教徒がおり、それ以外にも、仏教から影響を受けたと自認する人々は実に二千五百万人ほどに上るという（『目覚めるアメリカ仏教』）。その大勢は、仏教由来の瞑想を生活のなかに取り入れたり、仏教思想を断片的に参照したりしている、いうなればライトユーザー層だ。仏教の教義を体系的に学んだり、特定の宗派に傾倒したりする人の数は限られている。

とはいえ、十九世紀まで馴染みの宗教といえばキリスト教という人が大半であった西洋の人々のあいだにも、仏教が幅広く浸透しているという現状は間違いなく存在する。そして、そうした西洋の精神世界への仏教の進出が、高楠をその中心的な担い手の一人とする、仏教に関するグローバルな学術や議論の積み重ねによって後押しされてきたことも確かである。高楠たちの活動は、仏教をめぐる世界地図の書き換えに少なからず貢献したといってよい。

このように、彼はその一生を通して、世界史における仏教の動的な変化と共に歩んだ。また、その大いなる歩みの跡は、後続の者たちに進むべき方向を指し示してきた。かくして、彼がいなくなった後の世界もなお仏教は変容し、おそらくは今後もずっと変わり続けていくに違いない。

そもそも、仏教ほど何かが変わることを重視する宗教あるいは思想も珍しい。「諸行無常（しょぎょうむじょう）」と説かれる通りだ。逆に、決して変わらないものがあるという思い込みこそ、多くの人間が抱きがちな虚妄（きょもう）であるという事実を、仏教は喝破（かっぱ）してきた。

なかでもとりわけ変化に富んでいるのが、人間の心というものだ。それゆえ仏教は人の心の移ろいやすさを注視し、その動きの性質や原因についての考察をひたすら深めてきた。他方で同時に、その動きを制止するための方法を追求し、心を不動の境地へと到達させるための真理も説いてきた。この点について、高楠は次のように説明する。

> 人間の心は動くものだから、これを動かして動かして、愈々動かない点まで進める。どんどん動いて居る自然界の波の中に自分が飛込んで、波に動かされながら自分が動いて行く。（中略）つまり、自由自在に動き得るようにすると云うことである。人の心は瞬間々々に変って行く。その変って行くのを利用して、大いに変らせて、到頭変らないようにするのが仏教である（『世紀に輝くもの』）。

周囲の環境に左右されながら変化し続ける人間の心を、一切の揺らぎを超えた場所へと導くのが仏教である、というわけだ。これはおそらく「悟り」と呼ばれる心の状態のことだろう。心は、常に変化して止まない不確定性を抱えている。だからこそ、その変化の果てにある種の超越的な心の境地に達する可能性も有している。仏教は二千五百年前の昔から、そうした人の心の可塑性を重んじてきた。

もちろん、この世界に生きる大多数の平凡な人間にとって、超越的な不動の心の状態など望むべくもないし、あるいは望まれること自体が極めて稀だろう。心が動きを完全に停止するのは、一般に、人が死ぬ瞬間だけである。高楠自身、生まれてから死ぬまで心を躍動させ続けてきたのであり、もっといえば、動きを止めることや休むことをできるだけ避けていたようにすら思える。

彼は、まさに「どんどん動いて居る自然界の波の中に自分が飛込んで、波に動かされながら自分が動いて行く」ことを望んだ人であった。激動する時代の荒波のなかで何か新しいものを創造する道を率先して選び、その一つ一つの選択が、学術や出版、教育あるいは人と人との関係のなかに、有形無形の価値ある事物を形成してきた。

そうした彼の一生を支えたのが、仏教という理想であった。釈尊が言葉として発し、自らの人格によって体現した、究極の理想の教えであった。むろん、その理想もまたこの無常の世界において何らかのかたちによって表現されてきたものである以上、時と共に移ろい変化し、やがては消えて無くなる定めにある。

それでもなお、理想を支えとして生きることの大切さを信じ続けたのが、高楠であった。何の理想も持たない個人や国は、いつか必ず滅びる運命にあるのだ、と。たとえそれが永遠のものではなかったとしても、自分の信じる理想を支えにしながら、心を怠ることなく動かし続けること――そのようにして無常の理想を最後まで生き抜いた時、人は決して変わることのない真実を知るのかもしれない。

参考文献

＊『高楠順次郎全集』（全一〇巻）から引用した資料については、本文中の典拠から省略した。

基本文献

『高楠順次郎全集』（全一〇巻）、教育新潮社、一九七七～二〇〇八年
『高楠順次郎資料　日記』（全二巻）、武蔵野大学出版会（私家版）、二〇一一年
鷹谷俊之『高楠順次郎先生伝』武蔵野女子学院、一九五七年
前嶋信次「史話・高楠順次郎」（全四回）『大法輪』大法輪閣、一八巻（七～一〇号）、一九五一年
武蔵野女子学院編『武蔵野女子学院五十年史』武蔵野女子学院、一九七四年
武蔵野女子大学仏教文化研究所編『雪頂・高楠順次郎の研究―その生涯と事蹟―』大東出版社、一九七九年

プロローグ

高楠順次郎『真宗教と実生活』無我山房、一九一六年
徳岡孝夫『ヒマラヤ―日本人の記録―』毎日新聞社、一九六四年

第一章

大木源二編『花井卓蔵全伝（上）』花井卓蔵全伝編纂所、一九三五年

ケネス・B・パイル著、松本三之介監訳、五十嵐暁郎訳『欧化と国粋―明治新時代の日本のかたち―』講談社、二〇一三年
杉森久英『大谷光瑞（上）』中央公論社、一九七七年
高楠順次郎「明治時代に於ける禁酒運動の回顧」『講演の友』一八九号、一九四一年
中央公論社編『中央公論社の八十年』中央公論社、一九六五年
古河老川著、杉村楚人冠編『老川遺稿』仏教清徒同志会、一九〇一年
本願寺史料研究所編『増補改訂 本願寺史 第三巻』本願寺出版社、二〇一九年
三浦朱門『『中央公論』一〇〇年を読む』中央公論社、一九八六年
吉田久一『日本近代仏教史研究』吉川弘文館、一九五九年
吉永進一『神智学と仏教』法藏館、二〇二一年
和田洋一『新島襄』岩波書店、二〇一五年

第二章

飯倉章『イエロー・ペリルの神話―帝国日本と「黄禍」の逆説―』彩流社、二〇〇四年
小川原正道編『近代日本の仏教者―アジア体験と思想の変容―』慶應義塾大学出版会、二〇一〇年
奥山直司『評伝 河口慧海』中央公論新社、二〇〇九年
長田俊樹『新インド学』角川書店、二〇〇二年
千朶木仙史編『学界文壇時代之新人』天地堂、一九〇八年

鷹谷俊之「若き高楠先生のロンドンからの書簡（2）」大正新脩大蔵経刊行会編『大正新脩大蔵経会員通信合本』大蔵出版、一九九三年
高楠順次郎「万国東洋学会に就て」『中央公論』一六八号、一九〇三年
高楠順次郎「猛虎遭難実記（下）」『学生』六巻八号、一九一五年
高楠順次郎「西遊所感」『弘道』三四〇号、一九二〇年
高山龍三『河口慧海―雲と水との旅をするなり―』ミネルヴァ書房、二〇二〇年
西村実則『近代のサンスクリット受容史』山喜房佛書林、二〇二一年
南条文雄『懐旧録―サンスクリット事始め―』平凡社、一九七九年
南原繁ほか『小野塚喜平次―人と業績―』岩波書店、一九六三年
フィリップ・C・アーモンド著、奥山倫明訳『英国の仏教発見』法藏館、二〇二一年
松村正義『ポーツマスへの道―黄禍論とヨーロッパの末松謙澄―』原書房、一九八七年
森睦彦編『ゴルドン夫人と日英文庫』（私家版）、一九九五年
I-Tsing, *A record of the Buddhist religion as practised in India and the Malay archipelago*, translated by J. Takakusu, Oxford, The Clarendon press, 1896
Judith Snodgrass, "The Young East: Negotiating Japan's place in the World through East Asian Buddhism", in Yoneyuki Sugita ed., *Japan Viewed from Interdisciplinary Perspectives: History and Prospects*, Lexington Books, 2015
J. Takakusu, "Europe Ripe For Buddhism", *The Young East*, Vol. II. No. 8, 1927

第三章

石井公成「解説」武者小路実篤『釈迦』岩波書店、二〇一七年
印刷博物館編『日本印刷文化史』講談社、二〇二〇年
小野玄妙「大正新修から昭和続修へ」『現代仏教』五五号、一九二八年
下田正弘『仏教とエクリチュール―大乗経典の起源と形成―』東京大学出版会、二〇二〇年
末木文美士『思想としての近代仏教』中央公論新社、二〇一七年
全日本仏教青年会連盟「第二回汎太平洋仏教青年大会紀要」龍谷大学アジア仏教文化研究センター編『資料集・戦時下「日本仏教」の国際交流　第Ⅰ期　汎太平洋仏教青年会大会関係資料』不二出版、二〇一六年
大正新脩大蔵経刊行会編『大正新脩大蔵経会員通信合本』大蔵出版、一九九三年
高楠順次郎『生の実現としての仏教』大雄閣、一九二四年
高楠順次郎『理智の泉としての仏教』大雄閣、一九二六年
高楠順次郎「仏伝考」『印度仏跡実写解説』巧芸社、一九二六年
高楠順次郎『東洋文化史に於ける仏教の地位』外務省文化事業部、一九三〇年
高楠順次郎「南伝仏教講座Ⅰ総説」『ピタカ』第四年七号、一九三六年
高楠順次郎『釈尊の生涯』筑摩書房、二〇一九年
徳富蘇峰「大蔵経完成を慶讃して」『現代仏教』五五号、一九二八年
友松円諦『法句経講義』講談社、一九八一年
西村玲『近世仏教論』法藏館、二〇一八年

宮崎展昌『大蔵経の歴史—成り立ちと伝承—』方丈堂出版、二〇一九年
『「南伝大蔵経」早わかり』大蔵出版、一九三五年
Micha L. Auerback, *A Storied Sage Canon And Creation in the Making of a Japanese Buddha*, University of Chicago Press, 2016
Donald S. Lopez Jr., *From Stone to Fresh: A Short History of the Buddha*, University of Chicago Press, 2013
Jachie Stone, "A Vast and Grave Task: Interwar Buddhist Studies as an Expression of Japan's Envisioned Global Role", in J. Thomas Rimer ed., *Culture and Identity: Japanese Intellectuals During the Interwar Years*, Princeton Legacy Library, 1990
Creg Wilkinson, "Taisho Canon: Devotion, Scholarship, and Nationalism in The Creation of The Modern Buddhist Canon in Japan", in Jiang Wu & Lucille Chia ed., *Spreading Buddha's Word in East Asia: The Formation and Transformation of the Chinese Buddhist Canon*, Columbia University Press, 2016

第四章

飛鳥寛栗『それは仏教唱歌から始まった—戦前仏教洋楽事情—』樹心社、一九九九年
クリントン・ゴダール著、碧海寿広訳『ダーウィン、仏教、神—近代日本の進化論と宗教—』人文書院、二〇二〇年
小山静子『良妻賢母という規範 新装改訂版』勁草書房、二〇二二年

小山静子『高等女学校と女性の近代』勁草書房、二〇二三年
さねとうけいしゅう『中国留学生史談』第一書房、一九八一年
高楠順次郎『真宗の信仰と戯曲『出家と其弟子』』大日本真宗宣伝協会、一九二二年
高楠順次郎「東京震災の帝国大学に及ぼせる惨害に関して」『宗教と思想』創刊号、一九二三年
高楠順次郎『印度仏教戯曲　龍王の喜び』世界文庫、一九二三年
高楠順次郎『宇宙の声としての仏教』大雄閣、一九二六年
中央学院六十年史編纂委員会編『中央学院六十年史』中央学院、一九六三年
中央学院百年史編集室編『中央学院一〇〇年史』中央学院、二〇〇二年
東洋大学創立百年史編纂委員会、東洋大学井上円了記念学術センター編『東洋大学百年史　通史編一』東洋大学、一九九三年
中川織江『セッシュウ！　世界を魅了した日本人スター・早川雪洲』講談社、二〇一二年
野上英之『聖林の王早川雪洲』社会思想社、一九八六年
野中正孝編『東京外国語学校史―外国語を学んだ人たち―』不二出版、二〇〇八年
三浦裕子「高楠篝村の狂言〈鷲狩〉」『武蔵野大学能楽資料センター紀要』二五号、二〇一三年
武蔵野女子学院くれない会『雪頂忌によせて』（私家版）、一九九三年
山口篤子「近代日本の合唱史と仏教界―ルンビニー合唱団と仏教音楽協会をめぐって―」『浄土真宗総合研究』四号、二〇〇九年
吉村昭『関東大震災』文藝春秋、二〇〇四年

欒殿武、柴田幹夫編『日華学堂とその時代—中国人留学生研究の新しい地平—』武蔵野大学出版会、二〇二二年

第五章

大澤広嗣『戦時下の日本仏教と南方地域』法藏館、二〇一五年
高楠順次郎『大東亜海の文化』中山文化研究所、一九四二年
高楠順次郎『新文化原理としての仏教』大蔵出版、一九四六年
武蔵野女子学院同窓会くれない会編『あの日をわすれないために—武蔵野女子学院生の戦争証言集—』武蔵野女子学院同窓会くれない会、二〇一五年
Charles A Moore ed., *Philosophy East and West*, Princeton University Press, 1946

エピローグ

下田正弘、永崎研宣編『デジタル学術空間の作り方—仏教学から提起する次世代人文学のモデル—』文学通信、二〇一九年
高楠順次郎『世紀に輝くもの』大蔵出版、一九四三年
ケネス・タナカ『目覚めるアメリカ仏教—現代仏教の新しい未来像—』武蔵野大学出版会、二〇二一年

あとがき

高楠順次郎は近代日本の形成に関与した重要人物の一人であり、特に仏教関係者としては随一である。だが、高楠の生涯を包括的に論じた本は、弟子の鷹谷俊之による著書『高楠順次郎先生伝』(一九五七)以外にほぼ皆無であり、その歴史的意義をよく理解する人間も、現在の日本近代史研究者や仏教学者のあいだですら、ごく限られている。

本書で叙述した通り、高楠は近代世界のグローバルな文脈を常に念頭に置きながら自らの活動を推進しており、その図抜けた国際性は、日本の人文学者に関する従来の研究枠組みでは把握しにくい部分もあった。しかし、おおよそ二十一世紀に入る頃から、国境を超えた視点を重んじる近代仏教の研究が国内外で急速に進展し、それにより高楠が国際的な舞台において展開した仕事や業績の意味も、ひと昔前に比べればだいぶ見通しやすくなった。本書は、そのような近年の学術的動向に掉さすかたちで書かれている。

高楠を学祖とする武蔵野大学は、二〇二四年に創立百周年を迎える。これに際し、高楠の関連資料の収集・整理やデジタル化の作業が進められ、高楠の実像を精彩に描きやすい環境が整ってきた。そうした各種の新資料に基づく本書が刊行されるのは、大学創立百周年というメモリアルイヤーにおいて、その「初心」の実態を改めて確認するためでもある。

本書の執筆に際しては、武蔵野大学仏教文化研究所の先生方にたいへんお世話になった。とりわけ、高楠研究を長らく主導してきた石上和敬先生には、本書の構想から校正の段階に至るまで、数多くの助言をいただいた。また、現学長の西本照真先生には、仏教の可能性を現代世界の文脈で考えていく上での示唆をたびたび頂戴し、それは本書の論述にある種の活力を与えているように思う。両先生に心から感謝申し上げる。

学内の高楠順次郎資料室の廣瀬敦子氏には資料整理に尽力いただき、その綿密な仕事を日頃からありがたく感じている。資料のデジタル化を担当する武井謙悟氏と尹鮮昊氏にも御礼申し上げる。吉川弘文館の石津輝真氏には本書の企画から完成までの伴走を、高木宏平氏には校正をしていただいた。なお、筆者と石津氏をつないでくださったのは、漆原徹先生である。得難いご縁に感謝する。

紙幅の都合から省略せざるを得ないが、ほかにも無数の研究者や大学の事務職員の方々の力添えのもと、本書は成立している。彼ら彼女らの助力の集積によって生まれた本書が、高楠順次郎という先学の多面的な再評価をもたらす将来を願い、筆をおく。

二〇二三年末

武蔵野の研究室にて

碧海寿広

高楠順次郎年譜

西暦（年号）	事　蹟
一八六六（慶応二）	六月二九日、備後国御調郡篝村（現広島県三原市）に生まれる。姓は沢井、父は観三、母は以喜、幼名は梅太郎。
一八六七（慶応三）	一二月、のちの夫人高楠霜子、神戸相生町に誕生。
一八七〇（明治三）	この頃、祖父清作について漢籍の素読を学び始める。
一八七五（明治八）	十月、八幡村宮内に尋常小学崇教館開校、入学（七日）。 この頃、漢籍の素読を終える。詩経、唐詩選等を朗唱、弟たちの子守歌・寝物語とする。
一八七九（明治一二）	五月、宮内尋常小学校下等一級を卒業。 この年、三原の桜南舎に入り、長谷川恭平に師事して漢文を修める（翌年一月まで）。花井卓蔵、山科礼蔵と同学。
一八八〇（明治一三）	四月、郷里宮内小学校教師に就任。 一一月、祖父清作没。 この年、三原小学校（旧城内）で小学校教員検定試験を受験。竜山会（または梁山会）を興し、政治を研究。
一八八二（明治一五）	二月、広島県御調郡宮内の丸河南小学校に奉職。 郡選の結果、広島師範学校に入り、教育学・授業法等を修業。 この頃、小林清右衛門（当主・小林敬造）方に寄寓。

西暦（年号）	事蹟
	この頃、梅太郎を「洵」と改名。
一八八三（明治一六）	この頃、丸河南の金剛寺を会場として仏教会を興す。講師を招き講演会を開催。 この頃、小林姓を名乗り「小林洵」と称したか。
一八八四（明治一七）	七月、高楠霜子、神戸英和女学校（神戸女学院の前身）を卒業。 一二月、丸河南校を退職。
一八八五（明治一八）	一月、京都に向けて出発。 四月、普通教校に入校（一八日）。
一八八六（明治一九）	教育環境改善の直訴に連座し退学を命ぜられる。数ヵ月後に復校。 四月、普通教校内に禁酒団体の反省会を創立（六日）。
一八八七（明治二〇）	八月、『反省会雑誌』（『中央公論』の前身）を創刊。 普通教校教官の松山松太郎らと計り、欧米通信会を創立。 この頃、霜子と結婚し高楠家に婿入り、高楠順次郎と改名。
一八八八（明治二一）	七月、*Bijou of Asia*（『アジアの宝珠』）を創刊。
一八八九（明治二二）	京都普通教校を卒業。 この年、普通教校は文学寮と改名。
一八九〇（明治二三）	三月、英国に留学（一一日）。神戸より仏国船オーシャン号に乗り出航。 五月、オックスフォード・ノーアム樹園にマックス・ミュラーを往訪。ロンドンで英語の勉強を開始。 九月、オックスフォード大学に入学。マックス・ミュラー教授の指導を受ける。
一八九二（明治二五）	九月、オックスフォード・スカラシップ（年金五〇〇ポンド）を受ける。
一八九四（明治二七）	八月、オックスフォード大学を卒業、Bachelor of Arts の学位を受ける。

一八九五（明治二八）	六月、ベルリン大学に移り、フートについて西蔵・蒙古、その他ウラル・アルタイ語等の各語を修める。 キール大学でオルデンベルク、ドイッセン等についてヴェーダ文学やパーリ語等を考究。
一八九六（明治二九）	三月、ライプチヒ大学に入学。 七月、Doktor der Philosophie の学位を受ける。フランスに転じ、コレージュ・ド・フランスでレヴィやシャヴァンヌらと交る。 九月、オックスフォード大学に復し、Master of Arts の学位を受ける。転じて、オランダ、ドイツ、イタリア、スイス等の各大学の諸教授を訪問。 一二月、反省雑誌社が東京に移転。 義浄『南海寄帰内法伝』の英訳を刊行
一八九七（明治三〇）	一月、欧州より帰国、上野精養軒の歓迎会にのぞむ。 六月、東京帝国大学文科大学講師となり、梵語を講義（一四日）。 この頃、芝区城山町に居住。
一八九八（明治三一）	三月、東京帝国大学講師のまま逓信大臣末松謙澄の秘書官となる（二日）。 六月、日華学堂（清国留学生教育機関）を設立、総監を務める。 七月、逓信大臣秘書官の職を依願免官（八日）。 この頃、千代田区神田小川町の榎本館に居住。
一八九九（明治三二）	一月、『反省雑誌』を『中央公論』と改題。 一〇月、東京帝国大学文科大学教授となる（三日）、博言学講座を担任。 一一月、文部省より羅馬字書方取調委員を命ぜられる（二二日）。
一九〇〇（明治三三）	四月、文学博士の学位を受ける（一一日）。 一〇月、日本橋簡易商業夜学校を創設し、校主となる。 一一月、東京外国語学校校長を兼任（二〇日）。在任中、ヒンドゥスターニー語、タミル語、

西暦（年号）	事蹟
	モンゴル語、マレー語の諸科を創設。 マックス・ミュラーの蔵書を帝大図書館に収蔵させるため岩崎久弥男爵の協力獲得に努力。
一九〇一（明治三四）	四月、東京帝国大学文科大学言語学講座担任を解任、梵語学講座に転任（一〇日）。
一九〇二（明治三五）	三月、日本橋簡易商業夜学校を京橋区越前堀に移転し、「中央商業学校」と改称、校主となる。 四月、国語調査委員会委員に任命される（一一日）。 一〇月、政府より仏領トンキン（現ハノイ）へ差遣（二四日）。 ハノイ万国東洋学会に列席、南条文雄、ベルツ、フローレンツ、藤島了穏、フォンデス等と同船渡航。 この頃、再び芝区城山町に寓居。
一九〇三（明治三六）	一月、仏領トンキンより帰朝（一〇日）。 タイの留学生（うち皇族二人、貴族三人）を監督。
一九〇四（明治三七）	二月、政府より英・仏・独三国へ差遣（六日、伊予丸に乗船、末松謙澄・友枝高彦と同行）。 六月、竜男没（二日）。
一九〇五（明治三八）	オックスフォード大学より名誉文学博士号を受ける。
一九〇六（明治三九）	二月、欧州より帰国（一〇日）。 四月、日露戦争の功で勲五等瑞宝章及び賜金を受ける（一日）。
一九〇七（明治四〇）	一月、日本エスペラント協会東京支部初代代表に就任。 一〇月、東京市立日比谷図書館評議員に嘱託（二六日）。
一九〇八（明治四一）	七月、東京外国語学校長の職を依願免官（二七日）。
一九〇九（明治四二）	二月、次男八十男没（一一日）。 一二月、勲四等瑞宝章を受ける（二五日）。

一九一一（明治四四）	統一日曜学校教案を作成。
一九一二（大正一）	二月、帝国学士院会員となる（二七日）。 二月、政府よりギリシャへ差遣（二八日）。 四月、政府よりインドへ差遣（一二日）。 五月、南条文雄らと『大日本仏教全書』の刊行を開始。 この頃、西島覚了が創設した仏教主義にもとづく「早稲田病院」の理事となる。
一九一三（大正二）	五月、インドより帰国（六日）。 一二月、勲三等瑞宝章を受ける（二七日）。 啓明会の後援でこの年より高野山、東寺、大通寺、青蓮院、仁和寺、石山寺、高山寺等の経典の調査に従事（一九二二年頃まで）。
一九一六（大正五）	父観三の喜寿の賀宴を沢井家で開く。
一九一八（大正七）	一〇月、代々木・千駄ヶ谷の自邸で次女三木枝没（二日）。 ルンビニー合唱団を明治会館に興す。
一九一九（大正八）	七月、文部省の命で欧州へ出張（一一日。小野塚喜平次と同行、万国学士院連合会創立会議に参列）。
一九二〇（大正九）	一二月、ドイツ・ゲッチンゲン大学に旧師オルデンベルクを往訪。 八月、長女千里没（二八日）。 欧州より帰国。
一九二一（大正一〇）	一二月、勲二等瑞宝章を受ける（二五日）。 九月、母以喜（七六歳）没（一三日）。
一九二二（大正一一）	一〇月、父観三（八三歳）没（二九日）。 六月、『ウパニシャッド全書』（全九巻）の刊行を開始。
一九二三（大正一二）	四月、四女芳枝没（一七日）。

西暦（年号）	事　蹟
	『大正新脩大蔵経』出版を企図、渡辺海旭と共に都監となる。編集作業と事業経営の一切を綜覧。
一九二四（大正一三）	この頃、小石川の関口台町五（椿山荘向いの地）に移り、大蔵経の出版に挺身。 一月、武蔵野女子大学の創設を発表（一〇日）。 三月、東京・築地本願寺境内の日本赤十字社震災救護院跡を譲り受け、各種学校「武蔵野女子学院」を創設、院長となる（一四日）。 四月、仏教女子青年会を興し、自ら会長となる。 『大正新脩大蔵経』の刊行を開始。
一九二五（大正一四）	五月、『現代仏教』を創刊、主幹となる。 一二月、東京大学仏教青年会が日曜学校を開校、校長となる。
一九二六（昭和一）	三月、三女志津枝没（二九日）。 三月、東京帝国大学評議員となる。
一九二七（昭和二）	一二月、智山派管長より智山中学校顧問を嘱託せられる（一四日）。 三月、停年で東京帝国大学を引退（三一日）。 三月、武蔵野女子学院は高等女学校令による学校となり、武蔵野女子学院高等女学校と改称、校長となる。 四月、三男増男没（六日）。 六月、日独文化協会が設立され、初代理事長となる。 七月、東京帝国大学名誉教授となる（一日）。 この年、仏教主義にもとづく成均学園高等女学校（県立大宮高等学校の前身）が設立され、主宰者（校長）となる。
一九二九（昭和四）	五月、フランス学士院、『大正新脩大蔵経』の刊行をたたえ、スタニスラス・ジュリアン賞を

年	事項
	贈る。
一九三〇（昭和五）	三月、武蔵野女子学院の新築校舎の落成式を行う（九日）。
一九三一（昭和六）	四月、沼津市千本浜にルンビニ幼稚園が設立され、その顧問となる。 全日本仏教青年会連盟の初代理事長に就任。 七月、東洋大学学長となる（一九三四年六月まで）。 九月、小石川関口台町五番地より武蔵野女子学院境内校長邸に移住。
一九三二（昭和七）	三月、『大正新脩大蔵経』八五巻の出版完了（索引『昭和法宝総目録』二冊を含む大蔵経の目録と図像部の継続計画を発表）。 一〇月、大蔵出版株式会社を興し、顧問となる。
一九三三（昭和八）	一月、朝日新聞社が『大正新脩大蔵経』に対し朝日賞牌（鏡面一箇）、副賞金一〇〇〇円を贈る（二五日）。 一二月、義父高楠孫三郎没（二二日、八九歳）。 千駄ヶ谷の旧居を開放してルンビニ幼稚園を開設、園長となる。
一九三四（昭和九）	六月、東洋大学学長の職を辞す。 七月、第二回汎太平洋仏教青年会大会の顧問となる。 九月、日本諸学振興委員会常任委員に嘱託される（八日）。 一一月、教学刷新評議会委員に任命される（一八日）。 一一月、高等学校高等科教授要目改正委員に嘱託される（二五日）。 一一月、『大正新脩大蔵経』の正続両篇及び目録を含む一〇〇巻の出版を完成。 一二月、仏誕二千五百年記念学会を開催。
一九三五（昭和一〇）	四月、『南伝大蔵経』の刊行を開始。 八月、日本仏教劇団後援会準備委員会委員長となる。
一九三七（昭和一二）	六月、ハイデルベルク大学から哲学名誉博士号を受ける（三〇日）。

西暦（年号）	事　　蹟
	九月、国際文化振興会の「対外文化工作に関する協議」にのぞむ（二日～一一月一日）。 一二月、エスペラント報国同盟発起人の一人となる。 一二月、紀元二千六百年奉祝会常議員に嘱託される（一七日）。 金婚式の年を迎え、夫妻二人の写真を近親者へ贈る。
一九三八（昭和一三）	二月、対外文化工作に関する協議に加わる（九日）。 二月、紀元二千六百年紀念日本万国博覧会顧問に委嘱される（一一日）。 七月、武蔵野女子学院財団成立、理事となる（一日）。 八月、ハワイ大学東方学院の招聘を受け横浜出帆（一七日、太洋丸）。同大学の客員教授として講義を行う。
一九三九（昭和一四）	七月、ハワイ大学で開催された東西哲学者会議に参加。 八月、夫人霜子、牛込市ヶ谷台町の久野病院において胆石及び腸閉塞症で没（一三日、一〇時五〇分。七一歳）。 ハワイ本願寺で過去一ヵ年間物故名士の追悼会を開き、自ら施主となる（一五日）。 八月、鎌倉丸に乗船、ハワイより帰国（三一日）。 一一月、武蔵野女子学院創立十五周年記念式を挙行（九日）。 武蔵野女子学院財団理事長大谷尊由逝去、後任理事長となる。 北京仏教同願会顧問となる。
一九四〇（昭和一五）	二月、「仏教思想研究会」を武蔵野女子学院内の紅雲台で開催（一一日。門下の諸学者らが参加、討論を行う。月二回、日曜日午後、一九四四年まで続く）。 八月、和田堀本願寺墓地に「高楠家之墓」を作る。正覚寺にあった墓を移してこれに合骨、墓碑に高楠家の系譜を記す。

	東宝映画会社社長の池水浩久からの要請で、山中厚嗣著「大乗の国」の映画製作の顧問となり、台本を校閲。
一九四一（昭和一六）	二月、弟子の山本快竜（興亜仏教会派遣仏教使節）に託して『南伝大蔵経』七〇巻をタイ国皇帝及び同国外務省・文部省（各一部ずつ）に贈呈。 四月、中山文化研究所長に就任。
一九四二（昭和一七）	四月、楽山荘が関東男子学校の軍事教練宿舎となる。 五月、喜寿の賀宴を上野精養軒に開く（一八日）。 八月、大日本仏教会の顧問に就任。 一〇月、大東亜仏教大会準備顧問に就任。 一二月、『大正新脩大蔵経』編纂の功績で、学士院の推薦のもとに、第二回野間賞を受ける（一七日）。
一九四三（昭和一八）	二月、千代田女子専門学校長に就任（一三日）。 三月、武蔵野女子学院高等女学校を辞す（二六日、ただし財団理事長の職は引続き就任）。 五月、第一回一切経会を武蔵野女子学院に開き、関係物故者の追悼法要を営む（一六日）。 五月、武蔵野女子学院を西本願寺の経営に移す（二八日）。 千代田女学園財団理事長に就任。 一一月、伊東温泉に生活の本拠を移す。
一九四四（昭和一九）	四月、日本文化に尽した功績で文化勲章を受ける（二九日）。 五月、武蔵野女子学院、高楠博士の文化勲章拝受祝賀の式を行う（一二日。大礼服に文化勲章を佩用）。 五月、大東亜会館（東京会館）で関係一四団体合同の文化勲章拝受祝賀会を開催（二七日）。 九月、南京で発見された玄奘三蔵骨体の記念塔が一〇月一〇日に落成するので般若心経一巻と玄奘三蔵追悼の辞を贈る。

西暦（年号）	事蹟
一九四五（昭和二〇）	高楠全家、楽山荘へ疎開。 一二月、武蔵野女子学院校内に六発の爆弾を受け、校庭で避難中の学生四名が死亡。 五月、千代田女子専門学校の校舎が焼夷弾多数をうけて全焼（二四日）。 小石川関口台町の『大正新脩大蔵経』紙型格納庫が焼夷弾で全焼。 楽山荘は決戦部隊が転出し、武蔵部隊が代りに入る。 六月、慢性心臓カタル兼肺気腫で没（二八日、二時一四分。七八歳）。 楽山荘講堂で葬儀（二九日）。 七月、築地本願寺に交渉、東京における本葬を七月一八日一五時と決定（一日）。 一八日一五時、「宏学院釈順成」の法名を西本願寺より下附（大谷光照門主の染筆）。定刻前、 天皇陛下より幣帛を賜う。 和田堀本願寺墓地に納骨（一九日一〇時）。

著者略歴

一九八一年、東京都に生まれる
二〇〇九年、慶應義塾大学大学院社会学研究科博士課程単位取得退学
現在、武蔵野大学文学部教授、博士（社会学）

〔主要著書〕
『近代仏教のなかの真宗』（法藏館、二〇一四年）
『入門　近代仏教思想』（筑摩書房、二〇一六年）
『仏像と日本人』（中央公論新社、二〇一八年）
『科学化する仏教』（ＫＡＤＯＫＡＷＡ、二〇二〇年）
『考える親鸞』（新潮社、二〇二一年）

高楠順次郎
世界に挑んだ仏教学者

二〇二四年（令和六）四月二十日　第一刷発行

著　者　碧海寿広（おおみとしひろ）
発行者　吉川道郎
発行所　株式会社　吉川弘文館
郵便番号一一三―〇〇三三
東京都文京区本郷七丁目二番八号
電話〇三―三八一三―九一五一〈代表〉
振替口座〇〇一〇〇―五―二四四番
https://www.yoshikawa-k.co.jp/
印刷＝株式会社　三秀舎
製本＝株式会社　ブックアート
装幀＝清水良洋

ISBN978-4-642-08450-5